Daniel Backhausen

Die E-Learning Umgebung learncom

Bibliografische Information der Deutschen Nationalbibliothek:

Bibliografische Information der Deutschen Nationalbibliothek: Die Deutsche Bibliothek verzeichnet diese Publikation in der Deutschen Nationalbibliografie; detaillierte bibliografische Daten sind im Internet über http://dnb.d-nb.de/ abrufbar.

Copyright © 2004 Diplom.de
Druck und Bindung: Books on Demand GmbH, Norderstedt Germany
ISBN: 9783838640723

Daniel Backhausen

Die E-Learning Umgebung learncom

Diplom.de

Daniel Backhausen

Die E-Learning Umgebung learncom

Diplomarbeit
Fachhochschule Niederrhein
Fachbereich Elektrotechnik und Informatik (FB 03)
Abgabe Dezember 2004

Diplom.de

Diplomica GmbH
Hermannstal 119k
22119 Hamburg

Fon: 040 / 655 99 20
Fax: 040 / 655 99 222

agentur@diplom.de
www.diplom.de

ID 4072

ID 4072
Backhausen, Daniel: Die E-Learning Umgebung learncom
Hamburg: Diplomica GmbH, 2005
Zugl.: Fachhochschule Niederrhein, Diplomarbeit, 2004

Diplomica GmbH
http://www.diplom.de, Hamburg 2005
Printed in Germany

Autorenprofil: Dipl.-Ing. (FH) Daniel Backhausen

Anschrift: An der Alten Kirche 3
D-47798 Krefeld

Telefon: 0 21 51/56 98 13-3
Telefax: 0 21 51/56 98 13-2
E-Mail: d.backhausen@n2media.de

Ausbildung: Dipl.-Ing. (FH) Technische Informatik im Fachbereich Elektrotechnik und Informatik an der Hochschule Niederrhein, Krefeld

Diplomarbeit: Die E-Learning Umgebung learncom (08/04)
Geburtsjahr: 1978
Fremdsprachen: englisch, niederländisch

EDV-Erfahrung: mehr als 12 Jahre

Fachliche Schwerpunkte: Webbasierte Applikationsentwicklung, Datenbanken, Frameworks Multimedia, Windows, Linux/UNIX, Allgemeine und hardwarenahe Programmierung
Arbeitsgebiete/Branchen: Administration, Konzeption, Migration, Consulting, Fehlerdiagnose, Anwendungsentwicklung, Customizing

Programmiersprachen: ActionScript, ASP, Assembler, C, C++, CSS, (D)HTML, JavaScript, CASE-Tools, PHP, Perl, Python, Linux-Bash, SQL, PL/SQL, XML/XSL, JAVA, JSP, Servlets, EJB, COBOL, UML, Visual Basic
Betriebssysteme: Windows Desktop und Server Betriebssysteme, DOS, Linux/UNIX
Datenbanken: MySQL, Access, PostgreSQL, Oracle, Informix
Netzwerke/Komm.:   TCP/IP, HTTP, FTP, Samba, NFS, SSH, SIP, H.323, SMTP, ISDN, Token Ring, LDAP, VPN, SNMP, Datensynchronisation allgemein, Sockets, RPC, Semaphore, Message Queuing, FDDI, SMPP
Programme/Tools: Adobe & Macromedia Produkte, Apache, Tomcat, Borland C++ Builder, Borland JBuilder, Visual C++, Sendmail, Bind, Cyrus, rsync, SpamAssassin, verschiedene Netzwerk- und Intrusion-Detection Programme, CVS, ER-Win, Office, Visio, PC-Anywhere und viele mehr

Inhalt

1. Einleitung

learn~ing [lɜ:n] (Er-)Lernen n; Gelehrsamkeit f;

1.1 Motivation

Durch die große Bedeutung des Themas E-Learning[1] in der europäischen Politik werden Entwicklungen in diesem Bereich mit eigenen Förderprogrammen unterstützt. Im deutschen Raum gibt es zum Beispiel das bereits schon seit längerem existierende, „Schulen ans Netz" oder das vom Bundesministerium für Bildung und Forschung (BMBF) ins Leben gerufene „Neue Medien in der Bildung".

E-Learning, eigentlich ein Oberbegriff für computerunterstütztes Lernen, wird heutzutage häufig in Bezug auf die Nutzung neuer, multimedialer Internettechnologien zur Verbesserung der Lernqualität genannt. Dabei umfasst der Begriff des elektronischen Lernens auch Programme und Lösungen abseits vom webbasiertem Lernen. So gibt es bereits seit längerer Zeit Software zur Erlernung von Sprachen oder Produktumgebungen. Das Bedürfnis nach sofortiger Verfügbarkeit und nach unmittelbarer Anwendbarkeit zu jeder Zeit und an jedem Ort hat den Begriff E-Learning geprägt und populär gemacht.
Mittlerweile gibt es eine Fülle von E-Learning bzw. E-Education[2]-Ansätzen (Anm. Im Weiteren soll hier der Begriff E-Learning verwendet werden), wobei einige auf bestimmte Einsatzbereiche zugeschnitten sind und andere vielseitig verwendbar sind. Eine zielgruppenorientierte Ausrichtung eines E-Learning-Systems würde eine unüberschaubare Masse an Produkten und Lösungen für alle nur erdenklichen Bereiche erzeugen. Jedoch sollte eine Umgebung von ihrem Einsatz unabhängig sein und eine genaue Orientierung der Zielgruppe innerhalb der angebotenen Lerninhalte in einem System erfolgen.

In Bezug auf Bedienung, Modularität, Effektivität und Vielseitigkeit soll mittels „learncom" eine Lernumgebung entstehen, die die hohen Erwartungen an E-Learning in naher Zukunft annähernd erfüllen kann.

---

[1] E-Learning – Abkürzung für „electronic learning"
[2] E-Education – Oberbegriff für E-Learning und E-Teaching

1.2 Zielsetzung

Im Rahmen dieser Diplomarbeit soll ein Prototyp für eine E-Learning-Umgebung umgesetzt werden, dessen Ziel das begleitete Lernen mit Hilfe von Lern- und Übungseinheiten ist. Unterteilt werden diese Einheiten in verschiedene Kursangebote. Dabei soll der kommunikative Austausch und eine begleitende Hilfestellung durch den Lehrenden, nachfolgend auch Tutor genannt, mit den Teilnehmern unterstützt werden. Die E-Learning-Umgebung soll möglichst unabhängig bezüglich des Einsatzgebietes sein, das heißt die Umgebung kann sowohl in Firmen als auch in öffentlichen Einrichtungen, wie Schulen und Universitäten eingesetzt werden. Besonderes Ziel ist die einfache Bedienung und Nutzung einer dennoch modular und zu jedem Zeitpunkt erweiterbaren Umgebung.

Aus didaktischer Sicht geht das System von einem aktiven Lernenden aus. Kurse, speziell Seminare sollen tutoriell aufgebaut werden. Durch den Einsatz spezieller Funktionen soll die Förderung der Lerngemeinschaft unterstützt werden. Der Teilnehmer soll durch Übungen und aktive bzw. inaktive Kommunikation mit anderen Teilnehmern und Tutoren zu Handlungen angeregt werden. Anzumerken ist, dass learncom kein Ersatz für konventionelle, klassische Lernmethoden ist, sondern als zusätzliche Möglichkeit dient, Lernziele schneller und effektiver erreichen zu können.

2. Grundlagen

2.1 Der Begriff E-Learning

„After all, if everything that was done in a university could be done online, what was the point of having a university, and did teachers have any function?"
(Tom Davies, University of Cambridge)

Der Begriff „E-Learning" wurde ursprünglich für verschiedene Formen der informationstechnologischen Vermittlung von Wissen an Lernende gebraucht. Mittlerweile wird der Begriff jedoch fast ausschließlich in Bezug auf webbasiertes Lernen, sprich die Nutzung des Internets zur Verbreitung von Lehrinhalten, verwendet. Hier soll der Einfachheit halber nachfolgend der Begriff „E-Learning" als „internetbasiertes Lernen" verstanden werden.

Das Ziel von E-Learning soll die Nutzung der Informations- und Kommunikationstechnologie zur Unterstützung und Ergänzung konventioneller Lernmethoden sein. Durch multimediale Informationstechnologien, in Form von Lern- und Übungseinheiten und verschiedenen Kommunikationsmöglichkeiten, können dabei effektive Verbesserungen erzielt werden.
Innerhalb webbasierter Lernumgebungen kann der Lernende orts- und zeitunabhängig auf (Wissens-)Informationen zugreifen und diese nach Bedarf nutzen. Dabei können Lernende und Lehrende räumlich und zeitlich getrennt sein. Internetbasierte Lernumgebungen ermöglichen demnach eine ständige Aktualisierungs- und Präsentationsmöglichkeit von Lehrinhalten. Daraus resultiert, dass Lernende in der Lage sind, Lehrstoff selbst einzuteilen und bereits bekannte Sachverhalte zu überspringen, sowie aktiv und inaktiv mit anderen Benutzern zu kommunizieren. Eine aktive Kommunikation kann synchron, beispielsweise in einem Chat, oder inaktiv, asynchron innerhalb von Foren oder durch Mitteilungen erfolgen.

Allgemein führt E-Learning nicht zu einer Änderung der Lernziele und Lerntheorien konventioneller Methoden, sondern erweitert ihre Darstellungsform, ihre Verfügbarkeit und kann, anders als beispielsweise Bücher, einen kommunikativen Wissensaustausch im Dialog fördern. Eingesetzte Medien- und Kommunikationstechnologien werden in digitaler Form, sprich HTML, Flash, PDF-Dokumente, Audio/Video-Dartstellungen usw., genutzt oder wiedergegeben.

2.1.1 Computerunterstütztes Lernen

Grundsätzlich lassen sich computerunterstützte Lernformen in drei Bereiche kategorisieren, wobei eine scharfe Abgrenzung der einzelnen Kategorien nicht möglich ist, da sie sich mehr oder weniger überschneiden:

Computer Based Training (CBT)

Allgemein ist „Computer Based Training" ein Oberbegriff für verschiedene Arten des computerunterstützten Lernens. Mit etlichen Abkürzungen wie CAL (Computer Aided Learning), CUL (Computer-unterstütztes Lernen), CAI (Computer Aided Instruction) etc. beschreibt es letztlich ein Lernsystem, dass Lernenden in computerunterstützter Weise Lerninhalte durch unterschiedliche Lernmethoden vermittelt. Die grundlegende Methode des computerunterstützten Lernens wurde erstmals in Form einer einfachen Lehrmaschine Anfang der 1960er Jahre angewendet., basierend auf früheren Kenntnissen und dem Konzept der „Programmierten Unterweisung (PU)" durch Skinner aus den späten 1930er Jahren.[3]

Grundsätzlich gibt es zwei Möglichkeiten für die Vermittlung von Lerninhalten: Einerseits über lokal residierende Lernprogramme und andererseits über das Internet. Heutzutage wird der Begriff CBT allerdings fast ausschließlich für die Nutzung lokaler Technologien und Systeme verwendet.

Web Based Training (WBT)

Beim WBT werden Lehr- und Lernprozesse über das Internet bzw. Intranet ausgeführt. Durch die Verwendung einer Browserapplikation werden multimediale, statische und dynamische, sowie interaktive Inhalte wie Audio, Video, Text, Grafiken und Animationen ermöglicht.

Webbasiertes Lernen kommt, anders als andere computerunterstützte Lernmethoden, nicht ohne das Internet aus. Meistens ist ein Webserver zur Haltung und Bereitstellung der Daten nötig. Die Nutzung des Internets erlaubt die Präsentation, Eingabe und Aktualisierung beliebiger Informationen jederzeit und von jedem beliebigen Ort. Je nach Lernumgebung und Webserver können Informationen und lernrelevante Daten von mehreren Personen annähernd gleichzeitig abgerufen, bearbeitet oder aktualisiert werden. Desweiteren ermöglicht die Internettechnologie eine einfache und effektive Kommunikation zwischen den Benutzern untereinander, was wiederum eine Integration von Lernen und Arbeiten ermöglicht.

Webbasierte Lernumgebungen sind, wenn nicht auf einen bestimmten Browsertyp programmiert oder durch Nutzung zusätzliche Programme erweitert, plattformunabhängig. Vorraussetzung ist hier ein Computer oder Terminalrechner mit Zugang zum Internet, wobei je nach Funktionsumfang der Lernumgebung eine zügige Internetverbindung erforderlich ist.

---

[3] vgl. [L-Niegemann 04, S.5ff]

Virtual Classroom (VC) und Telemedien

Bei virtuellen Klassenräumen, auch bekannt unter dem Begriff „Tele-Teaching" oder „Tele-Training", handelt es sich um Schulungen und Lehrveranstaltungen mit Audio/Video-Übertragung. Dabei werden über das Internet oder Intranet Lehrveranstaltungen mit Hilfe sogenannter „Streaming"-Techniken ausgestrahlt. Lernende können sich zu einer vorgegebenen Zeit mit einem Server verbinden und ortsunabhängig an Veranstaltungen teilnehmen. Allerdings setzen virtuelle Vorlesungen eine zeitlich bedingte Anwesenheit der Teilnehmer voraus. Ein kommunikativer Austausch der Lernenden mit dem Tutor findet über ein Chatsystem statt. Der Tutor kann so direkt auf Fragen oder Mitteilungen der Lernenden eingehen. Eine Nutzung des Internets zur Video- und Audioübertragung setzt allerdings, aufgrund der hohen Datenmengen, eine schnelle Verbindung voraus.

2.1.2 Blended Learning

Mittlerweile stößt man immer häufiger auf den Begriff „Blended Learning". Blended Learning ist eine Mischform von eigenständigem Lernen (hier: E-Learning) und Präsenzlernen (hybrides Lernen). Bei Blended Learning wird E-Learning im didaktisch, sinnvollen Verbund mit der Aneignung von Wissen in Form von „face-2-face" Lernen eingesetzt. Die Verzahnung mit E-Learning-Techniken soll eine optimale Vor- und Nachbearbeitung des Präsenzunterrichts ermöglichen. Dabei werden technische Möglichkeiten, wie orts- und zeitunabhängiger Wissensaustausch und Informationsgewinnung in Verbindung mit klassischen Lernmethoden sinnvoll eingesetzt. Ziel ist das organisierte und betreute Lernen, um Lernziele schneller erreichen zu können und die Effektivität zu steigern. Dabei wird der Lernende mit Hilfe des Lehrenden durch den Lernprozess geführt und hat gleichzeitig die Freiheit, Lernzeiten durch eine flexible Gestaltung des Lernrhythmus einzuteilen. Ein Nachteil bei Blended Learning ist, dass durch die anteilige Präsenzlehre die zeitliche und räumliche Flexibilität eingeschränkt wird.

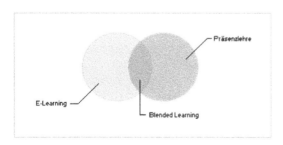

Abb. 1 Blended Learning

2.2 Didaktik und Gestaltung

2.2.1 Psychologische Phänomene

Akzeptanz, Motivation, Emotion und volitionale Phänomene sind wichtige Faktoren innerhalb des Lern- und Lehrprozesses. Sie können je nach Richtungsweisung sowohl positive, als auch negative Auswirkungen auf die Benutzer haben.

Durch gründliche Vorüberlegungen und Analyse bezüglich der Entwicklung einer E-Learning-Umgebung und besonders deren didaktischer Inhalte, können diese psychologischen Faktoren beeinflusst und unterstützt werden, um positive Auswirkungen auf den Lernprozess des Lernenden bzw. den Lehrprozess des Lehrenden zu haben. Gerade die psychologischen Aspekte der Lernenden sollte man keinesfalls außer Acht lassen. Positive Emotionen gilt es so weit wie möglich, zu unterstützen, negative Emotionen zu vermeiden.

Komplexe und schwierige Vorgänge müssen so umgesetzt werden, dass ein problemloses und einfaches Arbeiten mit dem Medium möglich ist. Einflussreich ist auch die sogenannte Usability (Brauchbarkeit) bei einer dauerhaften und wiederholten Nutzung von Lernsystemen und Umgebungen. Da kein „direkter Kontakt" (face-2-face) zwischen Lehrer und Lerner besteht, ist es bedeutsam, dass eine leichte Bedienung und gute formale und inhaltliche Gestaltung vorliegen. Desweiteren sollten Lernende Rückmeldung (Feedback) über ihr Handeln erhalten, sei es vom System oder vom Lehrenden selber. So erhalten Lernende ein Gefühl der (Gruppen-)Zugehörigkeit und nicht ein Gefühl der Einsamkeit („isoliertes Lernen").

Akzeptanz

Ein weiterer wesentlicher Erfolgsfaktor kann die Akzeptanz einer Lernumgebung durch die Anwender sein. Dabei unterscheidet man zwischen der *individuellen* und der *organisatorischen* Akzeptanz.

Die individuelle Akzeptanz beschreibt die Bereitwilligkeit zur Nutzung des jeweiligen Lernangebots durch die lernende Person. Hingegen beschreibt die organisatorische Akzeptanz, ob und wie lange ein bestimmtes Lernmedium genutzt und eingesetzt wird.[4] Ein interessantes Beispiel liefert Kerres, indem er auf die Nutzung eines Sprachlabors eingeht: „Selbst wenn sich nachweisen lässt, dass Sprachlabore geeignet sind, bestimmte Lehrziele zu erreichen, bleibt ihr Nutzen gering, wenn die Einrichtung aus welchen Gründen auch immer nicht betrieben wird." [B-Kerres 01, S.107]

---

[4] vgl. [B-Kerres, 01, S.107]

Motivation

Eine hohe Motivation kann das Lernverhalten, den Lernprozess und dessen Ergebnis, positiv beeinflussen und fördern. Es ist somit für den Bereich E-Learning von entscheidender Bedeutung. Hier unterscheidet man Motivation im klassischen Sinne in zwei Arten: die *intrinsische* und die *extrinsische* Motivation.

Unter der intrinsischen Motivation versteht man die gewollte Handlung einer Person für sich selber. Das heißt, ein externer Einfluss bzw. Anreiz auf die Motivation der Person ist nicht nötig. Häufig ist diese Art der Motivation bei der Ausübung von Sportarten oder Freizeitaktivitäten anzutreffen. Die extrinsische Motivation hingegen beschreibt das Erreichen eines Ziels durch eine Handlung. Dabei motiviert nicht die Handlung, sondern nur das Erreichen des Ziels (Geld, gute Noten, etc.).[5]

Emotion

Ein bisher in der Wissenschaft eher vernachlässigtes Phänomen ist die Emotion. Erst seit den späten sechziger bis siebziger Jahren des letzten Jahrhunderts, als der Behaviorismus (vgl. 2.3.1) durch den Kognitivismus (vgl. 2.3.2) abgelöst wurde, spielen Emotionen in der psychologischen Wissenschaft eine verstärkte Rolle.[6]

Charakteristischerweise können Emotionen positive und negative Wirkungen haben. So können positive Emotionen in Form von Freude über ein gutes Lernergebnis, einer guten Note oder durch positives Feedback entstehen. Angst vor schlechter Bewertung oder kritische Äußerungen in Bezug auf eine Handlung können dagegen negative Folgen auf den Lernprozess und damit Auswirkungen auf das Erreichen des Lernziels haben. Positive Emotionen würden möglicherweise zu einer Steigerung der Lernbereitschaft führen, negative Emotionen dagegen gegebenenfalls sogar zu einem „Drop-Out" (hier: Abbruch des Lernprozesses). Allgemein werden Emotionen grob in primäre und sekundäre Emotionen unterschieden. Primäre Emotionen sind allgemein Wut, Trauer, Freude und Furcht. Auf den primären Emotionen aufbauend, sind sekundäre Emotionen beispielsweise Scham, Schuld und Stolz. Fest steht, dass Emotionen je nach Charaktertyp die Motivation und die Handlung des Lernenden, in welcher Art auch immer, beeinflussen können.

---

[5] vgl. [B-Niegemann 04, S.206f]
[6] vgl. [B-Reinhold 92, S.122]

Volitionale Phänomene

Unter volitionale Phänomene versteht man eine durch den Willen bestimmte Handlungsweise. Ablenkungen, Hindernisse oder andere Schwierigkeiten - auch aus technischer Sicht - können das Erreichen des Lernziels verhindern, auch wenn Motivation und Emotion stimmig sind verhindern. Diesem drohenden Abbruch oder dieser Unterbrechung des Lernprozesses, muss mit einem willentlichen Verhalten des Lernenden entgegengesteuert werden. Hier können dem Lernenden Anleitungen oder Hilfestellungen, sowie aktive Kommunikationsmöglichkeiten zur Problemlösung angeboten werden.

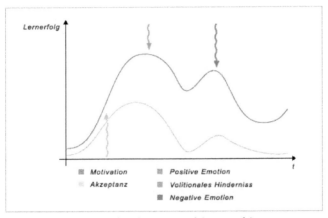

Abb. 2 Einfluss psychologischer Phänomene auf den Lernerfolg

Abbildung 2 zeigt den Verlauf der Motivation, welche sich auf der Akzeptanz des Lernangebots aufbaut. Durch äußere und psychologische Faktoren lassen sich die Motivation und damit indirekt der mögliche Lernerfolg beeinflussen. Man erkennt, dass durch positive Emotion des Lernenden die Motivation angehoben werden kann. Negative Emotion und volitionale Hindernisse können dagegen die Motivation des Lernenden negativ beeinflussen und damit auf Dauer den Lernerfolg reduzieren.

2.2.2 Interaktivität

Allgemein ist Interaktion ein bidirektionaler Austausch von Information zwischen Sender und Empfänger. Bidirektional dahingehend, dass Sender und Empfänger regelmäßig ihre Rollen wechseln[7]. Der Begriff „Interaktivität" wird zwar häufig in Bezug auf E-Learning-Systeme verwendet, ist jedoch auch in traditionellen Lernformen vertreten. In Hinblick auf den zu erwartenden Lernerfolg wird ein hoher Grad an Interaktivität des Lernenden als wichtig angesehen. In Lernumgebungen hat man es in der Regel mit einer Kette von Interaktionen (Interaktionskette) zu tun. So werden bestimmte Aktionen des Lernenden durch Rückmeldungen wie beispielsweise Feedback oder Lob, unmittelbar über das Lernsystem oder durch den Tutor zurückgegeben.[8]

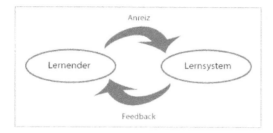

Abb. 3 Interaktionselement einer Interaktionskette

Mit Hilfe durchdachter Funktionalitäten soll die Interaktivität eine aktive Teilnahme des Lernenden fördern, um so eine positive Wirkung auf seine Lernfähigkeit auszuüben. Das wesentliche Unterscheidungsmerkmal im Vergleich zu traditionellen Lernmethoden, speziell in Lesungen und Unterricht ist, dass der Lernende in der Lage ist aktiv zu agieren. Bildungsspezifische Inhalte können je nach Art und Weise direkt oder indirekt zur Förderung der Interaktivität beitragen. Es ist vorteilhaft, dass Inhalte im Dialog oder je nach Kenntnisstand proportioniert werden können. Dahingehend sind Kommunikations-, Revisions- und Feedbackfunktionen beim E-Learning von essentieller Bedeutung.

---

[7] vgl. [B-Kerres 01, S.74f; S.100ff]
[8] vgl. [B-Niegemann 04, S.109]

Grundfunktionen jedes Lehrens gemäß der Kommunikation mit einem Tutor oder Trainer sind laut Klauer (1985)[9]:

- Motivieren

- Informieren

- Verstehen fördern

- Behalten fördern

- Anwenden bzw. Transfer fördern

- Lernprozess organisieren und regulieren

Diese Funktionen kann man direkt auf die Interaktion der Lernenden abbilden: Motivationsfördernde Interaktion soll das Engagement des Nutzers auch auf längere Zeit oder bei der Erlernung komplexerer Themen erhalten. Interaktion soll den Lernenden über ein Thema informieren, das Verstehen und das Behalten fördern und zur Anwendung des Erlernten anregen. Vorteilhaft sind Organisation und Regulierung der Informationen mit Hilfe von Übersichten, Kapitel- oder Abschnittsunterteilungen. Allgemein sollen Interaktionen den Wissenstransfer gezielt unterstützen und Lehrstoff in ansprechender Weise vermitteln.

Jedoch geht es bei E-Learning nicht nur um die Interaktion des Lernenden wie im klassischen computerunterstützten Unterricht, sondern auch darum, dass eine Begleitung des Lernprozesses durch einen Tutor oder Moderator erfolgt. Lernende sollen zur Unterstützung der Selbststeuerung aktive Hilfe durch den Lehrenden anfordern und passive Hilfe durch das System erhalten können.

Generell lässt sich die Interaktivität des Lernenden von dem des Systems bzw. des Lehrenden unterscheiden. So sind Auswahl von Lehrinhalten, Wahl der Reihenfolge, stellvertretende Handlungsentscheidungen und Lösen von Aufgaben und Problemen, Interaktionen, die vom Lernenden ausgehen. Hingegen handelt es sich bei der Darbietung des Lehrstoffes, der Zuweisung von Aufgaben und Fragen, Fehlertoleranz und Rückmeldungen, um Interaktionen, die von dem System oder dem Lehrenden initiiert werden.[10]

---

[9] vgl. [B-Niegemann 04, S.110f]
[10] vgl. [B-Niegemann 04, S.113ff]

2.3 Klassische Theoriemodelle

„Gesamtheit der verschiedenen psychologischen und soziologischen Erklärungsversuche von Lernprozessen. Es lassen sich zwei Hauptrichtungen unterscheiden: die behavioristische und die kognitive Lerntheorie, wobei teilweise Überschneidungen und Ergänzungen durch die Sozialisationstheorien festzustellen sind."[11]

Allgemein unterscheidet man drei grundlegende Lerntheorien: Behaviorismus, Kognitivismus und Konstruktivismus. Beim Behaviorismus wird durch das Beobachten des Verhaltens auf die jeweilige Reaktion geschlossen, um diese gezielt zu steuern. Dagegen soll beim Kognitivismus der Lernende aktiv und selbständig Reaktionen auf sein Verhalten verarbeiten. Der Konstruktivismus basiert auf den Theorien des Kognitivismus, wobei sich der Lernende im Unterschied zum Kognitivismus durch selbstständiges Handeln Wissen erarbeitet.

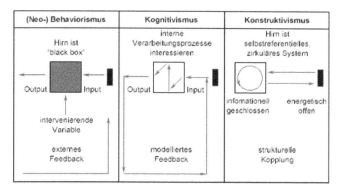

Abb. 4 Drei Theorien des Lernens (übernommen aus [P-Erfinden lernen])

2.3.1 Behaviorismus: Lernen als Prozess durch Erfahrung

Lernen wird im Behaviorismus als Prozess gesehen, der zu relativ stabilen Veränderungen im Verhalten oder im Verhaltenspotential führt und auf Erfahrungswerten des Lernenden beruht. Beim Behaviorismus wird das Individuum als „Black-Box" betrachtet. Hier wird davon ausgegangen, dass die Steuerung des Verhaltens durch Konsequenzen auf ein Verhalten erfolgt. Man unterscheidet die Arten der Konsequenzen in positive (Belohnung), negative (Bestrafung) und keine Konsequenz. Das theoretische Konzept ist mit dem „trial-and-error"-(= Versuch und Irrtum) Verfahren vergleichbar. Eine Konsequenz auf ein Verhalten sollte

---

[11] [B-Reinhold 92, S.366f]

11

möglichst unmittelbar folgen, da der Lernende ansonsten den Bezug zwischen Verhalten und Konsequenz verliert und Konsequenzen unwirksam werden.

Dieses Konzept lässt sich, anders als in unterrichtsbezogenen Lernveranstaltungen, beispielsweise in Form von Auswahlfragen (Multiple-Choice) hervorragend in computerunterstützten Lernumgebungen umsetzen, da der Lernende relativ schnell Rückmeldung erhält. Die technische Umsetzung der behavioristischen Lerntheorie orientiert sich vorrangig an der „Programmierten Instruktion" nach Skinner.[12]

2.3.2 Kognitivismus: Lernen durch Aufnahme und Verarbeitung

Der Kognitivismus gilt als Ergänzung der behavioristischen Theorie durch Rationalität, Einsichtsfähigkeit, Vernunft und antizipatorisches (vorwegnehmendes) Denken. Dabei handelt es sich um Lernen als komplexen Prozess der Aufnahme, Verarbeitung und Speicherung von Informationen, in welchem der Lernende eine aktive Rolle einnimmt. Kognition ist ein Prozess, der die Aneignung von Kenntnissen über die Realität beschreibt. Dazu gehören alle Handlungen, die weder emotional noch volontional sind. Der Erfolg von kognitivistischen Lernprogrammen ist abhängig von der Art und Qualität der Lerninhalte und vor allem von den kognitiven Aktivitäten des Lernenden.[13]

Da Wissen von jedem Lernenden unterschiedlich und individuell aufgenommen wird, ist es notwendig, dass Lernumgebungen auf persönliche Erfordernisse adaptierbar sind. Zum einen kann dies durch eine automatische Anpassung des Schwierigkeitsgrades von Lernmaterialien an den Lernenden oder zum anderen durch den Einsatz von Hypertextdokumenten mit multimedialen Inhalten erreicht werden.

2.3.3 Konstruktivismus: Lernen durch selbstständige Exploration

Der Konstruktivismus sieht Lernen als einen aktiven, individuellen Prozess, basierend auf den Theorien des Kognitivismus. Der Lernende verfolgt hier seinen eigenen, individuellen Lernprozess durch persönliche Entscheidungen und er soll sich durch Konstruktion von Ideen und Konzepten mittels selbstständiger Exploration Wissen aneignen. Dabei werden im Gegensatz zum Behaviorismus gezielt persönliche Verstehensprozesse gefördert.

Eine Unterstützung dieses Prozesses kann nur durch aktive Auseinandersetzung, authentische Situationen, multiple Perspektiven auf Probleme, Zusammenarbeit in Arbeitsgruppen und Selbstbestimmung des Lerninhaltes gefördert werden (Man spricht hier vom „situierten Lernen"). Der Lernende profitiert durch persönliche Erfahrungen und soziale Interaktion.[14]

---

[12] vgl. [B-Reinhold 92, S.47]; [B-Kerres 01, S.55ff]; [P-Erfinden lernen]
[13] vgl. [B-Reinhold 92, S.306]; [B-Kerres 01, S.65ff]; [P-Erfinden lernen]
[14] vgl. [B-Kerres 01, S.74ff]; [P-Erfinden lernen]

2.3.4 Lernen als sozialer Prozess

„Lernen ist ein sozialer Prozess in Auseinandersetzung mit der natürlichen Umwelt, wird als Subjekt-Umwelt-Interaktion verstanden. Lernen vollzieht sich stets auf der Grundlage bereits erworbener und ausgebildeter Strukturen. Die Theorie des sozialen Lernens von Bandura (1962) verbindet behavioristische und kognitivistische Elemente im Erfolgslernen und Lernen am Modell."[15]

Im sozialen Prozess ist Lernen als dynamischer Entwicklungsverlauf zu betrachten. Besonders gut lässt sich diese Theorie bei der Beobachtung von Kleinkindern bestätigen. Sie werden mit einem Spielzeug oder einer Sprache konfrontiert und lernen, es zu nutzen. Einmal erlerntes Wissen kann dann rekapituliert und sogar perfektioniert werden. Dies lässt sich gut anhand eines Stufenmodells beschreiben. Ausgehend von einem bestimmten Kenntnisstand wird durch Neuerwerbung von Wissen ein neuer Zustand eingenommen, der abhängig vom Ausgangs-zustand ist. Schritt für Schritt wird somit durch einzelne Stufen ein Endpunkt erreicht.

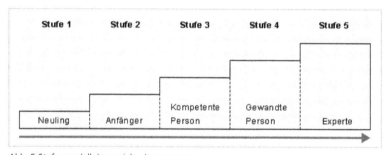

Abb. 5 Stufenmodell des sozialen Lernprozess

---

[15] [B-Reinhold 92, S.367]

Das heuristische Lehr-/Lernmodell

Baumgartner beschreibt das Lernen - im Gegensatz zu der Theorie des Lernens als sozialer Prozess - als einen vielschichtigen Prozess. Zur Verdeutlichung seiner Theorie stellt Baumgartner die Zusammenhänge anhand eines dreidimensionalen Modells dar. Das Modell soll Hilfestellung für perspektivische Untersuchungen der Strukturebenen, analytischen Vorgehensweisen und der Rollenverteilung für Lehr- und Lernprozesse bieten.[16] Dabei betont Baumgartner, dass das Modell nicht als Entscheidungs- oder Vorgehensmodell zu verstehen ist, sondern einerseits als Hilfe für eine perspektivische Betrachtung und Untersuchung der einzelnen Ebenen und andererseits zur Unterstützung und der Konkretisierung von Lerninhalten dient. Letzteres hilft die Rolle des Lehrenden und die Handlungsebene für eine Zielfertigkeit zu analysieren.

(Anm.: Mehr über diese These findet man u. a. in [P-Heuristisches Modell], [P-Baumgartner II], sowie auf [L-Baumgartner])

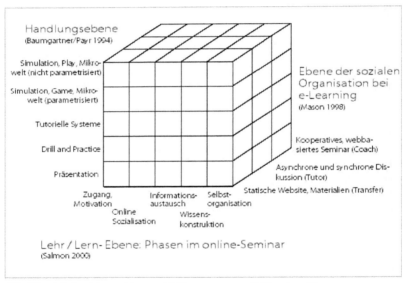

Abb. 6 Heuristisches Lehr- und Lernmodell (übernommen aus [L-Blumstengel])

---

[16] vgl. [P-Heuristisches Modell]; [P-Baumgartner II]

2.3.5 Lernziele

Unterschieden werden Lernbereiche in kognitive, affektive und psychomotorische Lernziele. Hier werden intellektuelle, emotionale und motorische Fähig- und Fertigkeiten, wie der Name schon sagt, gezielt erlernt. Dabei ist eine Assoziierung bestimmter Lerntechniken mit Lernzielen möglich.[17]

Kognitivität

Kognitive Lernziele dienen der Vermittlung von intellektuellen Fähigkeiten durch Wissen basierend auf Fakten und Informationen. Ziel ist das Erinnern und Reproduzieren eines mutmaßlich gelernten Stoffes. Dazu gehören auch das Erlernen von Umgangs- oder Entscheidungsfähigkeit und das Lösen von Problemen.

Affektivität

Affektive Lernziele dienen der Erlernung emotionaler Fähigkeiten. Bei der Affektivität soll eine Veränderung der mentalen Einstellung und des Verhaltens des Lernenden über die eigentliche Vermittlung von Kenntnissen hinausgehend erlernt werden. Zum Beispiel kann das Verhalten des Lernenden bezüglich der Schonung der Umwelt durch die Mindernutzung des eigenen Kfz verändert werden. Ein solches Lernziel ist nicht mit Faktenwissen zu bewerkstelligen.

Psychomotorik

Psychomotorische Lernziele sollen motorischen Fähigkeiten und Fertigkeiten des Lernenden ausbilden. Dabei werden gezielt praktische Fertigkeiten mit dem Umgang oder der Handhabung von Material, Werkzeugen oder anderen praxisbezogenen Prozessen angeeignet. Psychomotorische Lernziele sind innerhalb von computerunterstützten Lernumgebungen und Anwendungen nur begrenzt möglich. So können praxisnahe bzw. realitätsnahe Simulationen oder das Erlernen einer Software oder Programmiersprache nur bis zu einem gewissen Punkt zum Erreichen des Lernziels verhelfen.

---

[17] vgl. [L-Blumstengel, 2.2.3.3]

2.4 Technische Grundlagen

2.4.1 Lernplattformen

Allgemein handelt es sich bei einer Lernplattform meist um eine webbasierte, serverseitige Lösung zur Vermittlung von Lehrinhalten über das Internet oder Intranet. Dabei verhelfen diese Lösungen zur Präsentation und Bereitstellung von verschiedenen Bildungsinhalten für Lernende. Über eingebundene Autorenwerkzeuge können Lehrinhalte durch Autoren bzw. Tutoren entwickelt und publiziert werden. Lernplattformen verfügen darüber hinaus häufig über organisatorische Funktionen zur Verwaltung von Benutzern, Kursen oder anderen Funktionsbereichen.

Lernplattformen, sogenannte „Learning Management Systeme" (LMS), sind Weiterentwicklungen der ursprünglichen webbasierten Systeme. Mit neuen kommunikativen und unterstützenden Möglichkeiten sollen Sie die Effizienz von webbasierten E-Learning Systemen steigern.

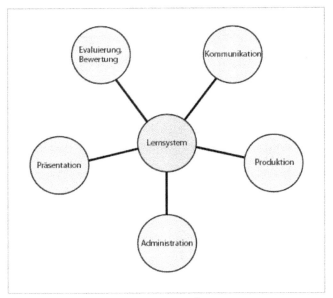

Abb. 7 Funktionale Bereiche von Lernsystemen[18]

---

[18] vgl. [B-Niegemann 04, S.252] und [P-CD Austria 05/02, S.17]

Ziel ist dabei eine einheitliche Bereitstellung von Funktionen, Methoden und Inhalte. Learning Management Systeme verfügen häufig über spezielle Module zum kommunikativen Austausch durch Mitteilungen, Chat und Audio/Video-Konferenzsysteme. Durch die Einteilung der Benutzer in verschiedene Rollen, ermöglichen Lernplattformen eine Realisierung benutzer- und gruppenspezifischer Funktionen und Darstellungsformen.

Mittlerweile geht der Trend allerdings zu einem erweiterten Typ der Learning Management Systeme, den „Learning Content Management Systemen" (LCMS). Learning Content Management Systeme basieren auf einer Kombination aus Learning Management System (LMS) und Content Management System (CMS).

Content Management Systeme wurden ursprünglich zur Bearbeitung von komplexen, redaktionellen (Web-)Seiteninhalten entwickelt. Sie erlauben die vereinfachte Bereitstellung von Inhalten ohne technische Kenntnisse. Dabei werden dem Autor verschiedene Autoren-werkzeuge angeboten, um Inhalte zu erstellen oder zu bearbeiten. Hintergrund dieser Lösung ist eine strikte Trennung des Inhalts, dem „Content", und der Darstellungsform, dem „Layout". Inhalte sind zum Beispiel Texte, Bilder, Animationen oder Videodaten. Durch die Trennung und separate Speicherung des Inhalts und der Layoutvorlage, den „Templates"[19], wird dynamisch durch einen Webserver, während eines Zugriffs durch einen Seitenbesucher, Content und Template zu einem standardisierte HTML Dokument generiert und an den Browser des Besuchers übermittelt. Durch die dynamische Generierung können besucherspezifische, personalisierte Daten entsprechend dem Besucherprofil angezeigt werden. Die Anlage eines Profils ermöglicht dem Besucher eine Selektierung der anzuzeigenden Inhalte nach persönlichen Wünschen und Interessen.

Heutzutage verfügen Content Management Lösungen zusätzlich über sogenannte Workflow-Komponenten. Diese Komponenten ermöglichen die dezentrale Arbeit mehrerer CMS-Benutzer und einen rollenbasierten Publizierungsvorgang. Innerhalb des Content Management Systems wird der durch den Autor erstellte Inhalt mit Metadaten beschrieben und in einer Datenbank hinterlegt. Metadaten sind strukturierte Daten zur Beschreibung von Inhalten. Mit Hilfe dieser Beschreibungen lassen sich Inhalte schneller auffinden. Tim Berners-Lee (Erfinder des World Wide Webs) definiert Metadaten als „...maschinenlesbare Informationen über elektronische Ressourcen oder andere Dinge." Die Speicherung mit zusätzlichen Metadaten, ermöglicht es anderen Autoren, die in der Datenbank verfügbaren Inhalte schnell aufzufinden, um sie erneut zu verwenden und zu publizieren.

---

[19] Template – engl. Schablone

Abb. 8 Funktionale Bereiche von Content Management Systemen[20]

Die Trennung von Inhalt und Darstellung ermöglicht darüber hinaus einen kommerziellen Austausch bzw. den Verkauf der Daten an Dritte. Diesen Prozess nennt man „Content Syndication", wobei der Content-Provider als Händler auftritt. In Bezug auf Lernplattformen können bildungsspezifische Inhalte hinzugekauft und innerhalb des Systems angeboten und genutzt werden. Da der Content in seinen Komponenten (Text, Bild, etc.) zur Wieder-verwendbarkeit abgelegt wird, können mit Hilfe der einzelnen Komponenten beliebig viele neue Inhalte zusammengesetzt und bereitgestellt werden. Innerhalb der Lernumgebung werden diese Komponenten als Lernobjekte, die Learning Objects (LO) bezeichnet. Ein Lernobjekt ist die kleinste sinnvolle Einheit, in die ein Inhalt zerlegt werden kann. Diese Einheit könnte zum Beispiel ein Bild oder eine Animation sein. Wenn diese Objekte mit Metadaten abgelegt und in anderen Inhalten wieder verwendet werden, bezeichnet man die Objekte als Reusable Learning Objects (RLO).

Reusable Learning Objects (RLO) werden mit Hilfe der, durch das Standardisierungskonsortium IMS (siehe 2.4.4 - Standards) spezifizierten Learning Object Metadata (LOM) beschrieben und abgespeichert. Durch diese Lernobjekt-Metadaten können, ähnlich wie in Content Management Systemen, inhaltsspezifische Komponenten auf Basis der Lerninhalte schnell gesucht und gefunden werden. Dies ermöglicht einen Austausch von bildungsspezifischen Inhalten zwischen verschiedenen Lernplattformen.

---

[20] vgl. [P-CD Austria 05/02, S.22]

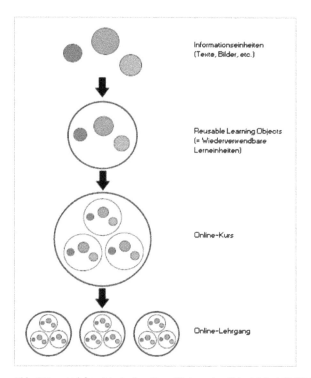

Abb. 9 Das modulare Prinzip der „Reusable Learning Objects" (vgl. [P-CD Austria])

Durch die Nutzung dieser Funktionalität bezeichnet man ein Learning Management System (LMS) als Learning Content Management System (LCMS). Wie bereits oben kurz erwähnt, beinhalten Learning Content Management Systeme die Funktionalitäten von herkömmlichen Learning Management und Content Management Systemen.

Dabei besitzen Learning Content Management Systeme wie auch Content Management Systeme, verschiedene Autorenwerkzeuge für die Bereitstellung und Erstellung von Inhalten in Form von Lernobjekten. Darüber hinaus können mit Hilfe der Lernobjekte zusätzliche, professionelle Inhalte von Content-Providern, unter Berücksichtigung der durch das LCMS unterstützten Standards, erworben und genutzt werden. Dies ermöglicht Tutoren bzw. Autoren mit Hilfe der im System vorhandenen Objekte, innerhalb kurzer Zeit neue bildungsspezifische Inhalte zu erstellen. Die neuen Inhalte werden wiederum mit Metadaten beschrieben und abgespeichert und können so ebenfalls wieder verwendet werden.

2.4.2 Funktionale Möglichkeiten

Generell sind funktionalen Möglichkeiten abhängig vom Einsatzbereich der Lernumgebung. Speziell entwickelte Systeme können, je nach Zielgruppe und Anwendung ganz unterschiedliche Funktionen erfordern. Bei einem Lernsystem für praktisch orientierte Lernende wären Funktionen zur Darstellung oder Simulationen einzubinden, anstatt den Schwerpunkt auf die Vermittlung von theoretischem Wissen zu legen. Zur Veranschaulichung theoretisch schwieriger Zusammenhänge mit Hilfe von Animationen und Videodaten wäre hier der Einsatz von E-Learning sicherlich sinnvoll. Solch komplexe Funktionen sind allerdings sehr aufwendig und kostspielig. Generell lassen sich die Grenzen des funktionalen Rahmens durch die Höhe der Investitionen beschreiben. Je höher die Investition ist, desto mehr bzw. besser Funktionen können entwickelt und implementiert werden. Wichtig ist, zuvor genau abzuwägen, welche Funktionalitäten wirklich benötigt werden.

Darüber hinaus sollte es in einem webbasierten Lernsystem möglich sein, Inhalte in Form von Dokumenten oder HTML-Präsentationen zu publizieren. Außerdem wäre es durchaus sinnvoll, verschiedene Arten von Übungstypen bereitzustellen. Hier können zum Beispiel Lückentexte, Multiple-Choice-Übungen oder Quiz-Systeme eingesetzt werden. Notwendig sind darüber hinaus auch kommunikative Funktionen zum Austausch von Informationen. Hier gibt es bereits einige Ansätze, wie beispielsweise inaktive Diskussionsforen und plattforminterne Mitteilungstechniken. Mit Hilfe von Chatfunktionalitäten kann zusätzlich ein aktiver Austausch durch die Teilnehmer untereinander bzw. mit den Lehrenden stattfinden.

Zusätzliche Module wie beispielsweise Whiteboards [21], (Audio/Video-)Konferenzsysteme, (Audio/Video-)Broadcasting und „Real-Time"-Kollaboration sind dagegen fast ausschließlich mit Lizenzkosten oder vergleichsweise hohen Entwicklungskosten verbunden, da diese Lösungen weit komplexer sind und in den meisten Fällen ein Kommunikationsserver benötigt wird.

Durch neue Ansätze im Bereich „Mobile Services", werden in Zukunft weitere Möglichkeiten, wie M-Learning [22] angeboten werden. Mit Hilfe des M-Learning soll die noch vorhandene Abhängigkeit des E-Learning an ein Computersystem durch die Nutzung mobiler Dienste und neuer Technologien aufgelöst werden. Ziel ist es, lernspezifische Inhalte über ein Mobiltelefon oder „Handheld"-Gerät nutzen zu können. Hier werden mit Sicherheit auch Technologien wie beispielsweise UMTS [23] Anklang finden.

---

[21] Whiteboard – Darstellungsmöglichkeit zum Aufzeichnen von Sachverhalten
[22] M-Learning – Mobile-Learning (mobiles Lernen)
[23] UMTS - Universal Mobile Telecommunications Service

2.4.3 Benutzerfreundlichkeit und Effizienz

Erfolg und Motivation des Lernenden hängen bedeutend mit der Benutzerfreundlichkeit von Lernumgebungen zusammen. Klare Strukturen, eine einfache Navigation, Ästhetik und Layout sollten das äußere Erscheinungsbild bestimmen. Aus technischer Sicht gilt es, irrelevante Elemente zu vermeiden und benutzerspezifisch mögliche Aktionen zu verdeutlichen. Aussagekräftige Symbole helfen dem Anwender bei der Orientierung im System und eine gut strukturierte, leicht verständliche Hilfefunktion wirkt unterstützend und kann zur Lösung von Problemen beitragen.

Bei den Lehrinhalten sind Gliederung des Inhalts, sowie eine didaktisch sinnvolle Textstruktur und Formulierung wünschenswert. Aufgaben und Inhalte sollten verständlich und eindeutig sein. Eine Beschränkung des Inhalts auf das Wesentliche beschleunigt die Wissensgewinnung, irrelevante Informationen gilt es dabei zu vermeiden. Animationen und Bilder sollten in Maßen, dafür aber didaktisch sinnvoll zur Unterstützung eingesetzt werden.

Alles zusammen erleichtert den Lernvorgang und beschleunigt das Erreichen des Lernziels durch den Lernenden. Dies wiederum steigert die Akzeptanz und den effizienten Einsatz von computerunterstützten Systemen. Jedoch kann eine Entwicklung mit Wertschätzung der Usability auf technische Entwicklungen auch nachteilig wirken. Die Rechnersysteme der einzelnen Anwender unterscheiden sich so sehr bezüglich Betriebssystem, Kapazität und nötiger Plug-Ins, dass der Einsatz einzelner Funktionalitäten nicht durchführbar ist. Dies führt dazu, dass einige, zum Teil sehr sinnvolle Techniken nicht zum Einsatz kommen.

2.4.4 Standards

Hohe Herstellungskosten von interaktiven, didaktischen Inhalten, erfordern bei der Entwicklung die Einhaltung internationaler Standards. Abläufe, Strukturen und Dienste werden mit Hilfe von Standards vereinheitlicht und erhöhen die Wieder- bzw. Weiterverwendbarkeit und senken mögliche Kosten für Neuentwicklungen. Nur so ist es möglich, bestehende Inhalte in mehreren Lernsystemen einsetzen und austauschen zu können. Spezialisierte Standardisierungskonsortien definieren Vorgaben für die Entwicklung von Lernsystemen und Inhalte.

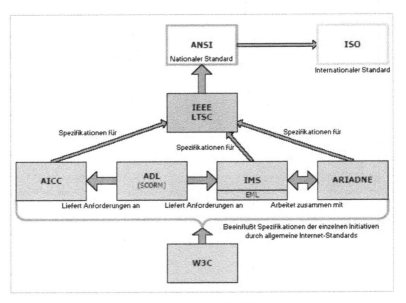

Abb. 10 Wirkungsbereiche der Konsortien (nach imc, 2001)[24]

In den vergangenen Jahren haben sich einige Standardisierungskonsortien im Bereich E-Learning gebildet und hervorgehoben. Es folgenden die wichtigsten Initiativen, deren Hauptmerkmale und Ziele:

---

[24] vgl. [P-CD Austria, 05/02, S.19]

IEEE Learning Technology Standards Committee (IEEE LTSC)

Das „Institute of Electrical and Electronics Engineers", kurz IEEE, ist eine gemeinnützige, internationale Organisation zur Standardisierung von Prozessen in verschiedenen technischen Bereichen. Innerhalb der IEEE erstellt und empfiehlt LTSC Standards und Spezifikationen zum Thema Lerntechnologien. Die wohl bekannteste Spezifikation ist LOM (Learning Object Metadata). ADL und IMS nutzen in ihren Spezifikationen LOM Elemente und Strukturen. Detaillierte Informationen über IEEE LTSC sind unter [L-IEEE-LTSC] einsehbar.

Advanced Distributed Learning (ADL)

ADL ist eine von dem U.S.-Verteidigungsministerium unterstützte Organisation. Sie fördert die Zusammenarbeit bei der Erstellung, Verwendung und Interoperabilität von Lern-, Forschungs- und Bildungsinhalten, sowie deren Werkzeugen in den unterschiedlichsten Bereichen. Detaillierte Informationen über ADL sind unter [L-ADL] einsehbar.

Aviation Industry CBT Committee (AICC)

Die 1988 gegründete, internationale AICC ist eine Auswahl mehrerer technologisch basierter Lernspezialisten. AICC erstellt Richtlinien für die Entwicklung, Umsetzung und Evaluation von CBT (Computer-Based Training) und ähnlichen Lerntechnologien für die Luftfahrt. Die AICC publizierte verschiedene Hard- und Software-Empfehlungen, unter anderem Spezifikationen für CMI (Computer-Managed Instruction) im Jahre 1993. Detaillierte Informationen über AICC sind unter [L-AICC] einsehbar.

IMS Global Consortium (IMS)

IMS ist eine Vereinigung von Verkäufern und Entwicklern, die sich auf die Entwicklung von XML Spezifikationen konzentrieren. Diese Spezifikationen beschreiben Schlüsseleigenschaften von Kursen, Lektionen, Teilnehmern und Gruppen. Zusätzlich stellen sie mit Spezifikationen und Praxisrichtlinien eine Struktur für die Darstellung von E-Learning Metadaten zur Verfügung. Bekannte IMS Spezifikationen sind: IMS Metadaten, QTI (Frage und Testaustausch). Detaillierte Informationen über IMS sind unter [L-IMS] einsehbar.

Ariadne

Ariadne (Alliance of Remote Instructional Authoring and Distribution Networks for Europe) ist ein 1995 durch 20 europäische Universitäten und fünf internationalen Firmen gegründetes Projekt der europäischen Union. Ziel ist die Bereitstellung eines Informationspools, dem sogenannten Knowledge Pool System (KPS). Dieser Pool soll leicht indexier- und durchsuchbare, bildungsbezogene, multilinguale Materialien enthalten. Detaillierte Informationen über das Ariadne Projekt können unter [L-Ariadne] entnommen werden.

2.5 Einsatzbereiche

Der weltweite Wandel zur Informations- und Wissensgesellschaft, mit Zielen wie Globalisierung und Flexibilisierung, verlangt die ständige Aneignung und Erweiterung von Wissen innerhalb kurzer Zyklen. Lehrer und Professoren erhalten zusätzliche Möglichkeiten der Wissensvermittlung und Erwachsene können sich in der Freizeit, ohne zeitliche oder örtliche Vorgaben weiterbilden. So kann je nach Inhalt der Lernmedien, praxisnahes und theoretisches Wissen auf einfachem Wege vermittelt werden. Mit Hilfe bestimmter Programme lassen sich multimediale und interaktive Prozesssimulationen einbinden oder theoretische Text- und Medieninhalte publizieren. Zielgruppen, die von E-Learning profitieren können, sind:

Schüler

Durch den Einsatz von Lernumgebungen und Computern kann das Verständnis und die Akzeptanz der Schüler für den Einsatz von neuen Medien und computerunterstützter Lernumgebungen gezielt gelenkt werden. Kinder und Jugendliche haben heutzutage einen anderen Bezug zu Computern als noch vor einigen Jahren. Der Einsatz von Computern und Lernmedien ist sicherlich eine unterhaltsame und effektive Erweiterung zu den herkömmlichen schulischen Methoden und wird in Zukunft in diesem Bereich mehr und mehr eingesetzt werden.

Studenten

Ein Studium verlangt Eigeninitiative, Selbstkontrolle und selbständiges Lernen und Explorieren. Hier kann der Einsatz computerunterstützer Lernumgebungen und Systeme generell effektiv sein. Allerdings hängt die Effektivität sehr vom Fach und der Studienrichtung des Studenten ab.

Wirtschaft

Größere Unternehmen bieten regelmäßig Fort- und Weiterbildungsmaßnahmen für Ihre Mitarbeiter an. Einige dieser Weiterbildungen erfordern die direkte Anwesenheit in Schulungsräumlichkeiten, andere hingegen können über das Inter- bzw. Intranet absolviert werden. Verschiedene Unternehmen bieten heutzutage schon technische Lösungen für Weiterbildungsmaßnahmen innerhalb des Firmen-Intranet an.

Nutzer der Erwachsenenbildung

Erwachsenenbildung ist heute mehr denn je von großem Interesse. Viele Erwachsene nutzen in der Freizeit Lernangebote im Internet oder lokale Lernsoftware. Das Erlernen von Fremdsprachen besitzt hier einen besonders hohen Stellenwert. So können Animationen, Videoausschnitte und andere multimediale Unterstützungen der effektiven Erlernung einer Sprache oder anderen Lernzielen dienen.

2.6 Vor- und Nachteile

E-Learning besitzt eine Reihe von Vorteilen gegenüber konventionellen Lernmethoden. Dabei ist entscheidend, in wie weit diese Vorteile wirklich effektiv umgesetzt und genutzt werden. Nachfolgend wird versucht, die Vorteile computerunterstützter Lernumgebungen kurz zu erläutern:

Flexibilität

E-Learning ermöglicht dem Lernenden eine flexible Einteilung des Lehrstoffs. Je nach Bedarf kann der Lernende bereits bekannten Lehrstoff überspringen und/oder wiederholen.

Interaktivität

Eine aktive Handlung des Lernenden wird durch Arbeitsgruppen und didaktisch wertvolle Lerninhalte produktiv unterstützt und gefördert. Es können praxisnahe Prozesse zu Übungszwecken simuliert werden. Das heißt, es findet im Gegensatz zu einem Lehrbuch oder einer Vorlesung ein Dialog statt.

Unabhängigkeit

Das Einhalten von zeitlichen und örtlichen Gegebenheiten ist nicht zwingend erforderlich. Der Zugang zur Lernumgebung kann, je nach Einrichtung des Lernsystems, von überall und jederzeit erfolgen. Dadurch kann eine persönliche Einteilung der Lernzeit und des Lerninhalts vollzogen werden.

Skalierbarkeit

Ergänzungen und Erweiterungen können kurzfristig, in Abhängigkeit der eingesetzten Lernplattform und je nach Komplexität, zügig umgesetzt werden. Gut entwickelte Systeme erlauben eine unbegrenzte Erweiterung zusätzlicher Funktionen und Module.

Kosteneinsparung

Durch die quantitative Reduzierung von Schulungen, verbunden mit Kosten der Räumlichkeiten, Reisekosten und der Ausfallzeit des zu schulenden Personals, können langfristig gesehen Einsparungen im Bereich der Weiterbildung gemacht werden. Geht es um einen Kosten/Nutzen-Vergleich, muss auch die Steigerung der Ausbildungs- bzw. Weiterbildungsqualität in der Messung der Wirtschaftlichkeit einbezogen werden.

Plattformunabhängigkeit

Durch die Nutzung des Browsers als Applikationsbasis können webbasierte Lernumgebungen unabhängig von dem jeweiligen Betriebssystem und der Umsetzungssprache entwickelt und genutzt werden.

Probleme und Nachteile

Allerdings sollten keinesfalls Probleme und Nachteile von E-Learning verschwiegen werden. Das Potential ist zwar noch lange nicht ausgeschöpft, aber aufgrund der heutigen technischen Möglichkeiten sind dem E-Learning zurzeit Grenzen gesetzt und einige Forderungen können noch nicht zufriedenstellend umgesetzt werden.

Auch nicht-technische Probleme gilt es bei der Analyse für einen Einsatz von E-Learning zu bewerkstelligen. So ist sicherlich eine der größten Herausforderungen bei neuen, sowie klassischen Lernmethoden, die Aufrechterhaltung der Motivation des Lernenden. Häufig ist fehlende Motivation Grund für einen Abbruch des Lernprozesses. Fehlende Motivation kann durch fehlendes Feedback oder didaktisch ungeschickt bzw. demotivierende Inhalte entstehen. Selbst das beste E-Learning-System kann nicht den erfolgreichen Einsatz gewähren, wenn keine oder mangelhafte Inhalte bereitgestellt werden. Der Aufwand der zu betreiben ist, um didaktisch wertvolle Inhalte und Übungen bereitzustellen, ist enorm und deshalb gut einzuplanen. Eine praktikable Lernumgebung und vor allem aber auch qualitativ hochwertige Inhalte können den Lernenden motivieren und den Lernprozess fördern. Hier ist zu beachten, dass der Lernende nicht das Gefühl der Einsamkeit, sondern ein Gefühl der (Gruppen-)Zugehörigkeit erfährt.

Eine weitere, grundsätzliche Voraussetzung für den Erfolg computerbasierten Lernens ist ein gewisses Maß an Konzentration und (Selbst-)Disziplin des Lernenden. Ohne diese Voraussetzung sind Lernerfolge sehr unwahrscheinlich.

Nennenswert sind auch die laufenden Kosten für den Betreiber von Lernumgebungen. So sind unter anderem Ausgaben für die Bereitstellung und Entwicklung bzw. den Erwerb von qualitativ angemessenen Lerninhalten zu beachten, die je nach Anforderung unterschiedlich hoch sein können. Weiterhin sind Ausgaben für den Betrieb und die Wartung eines Servers, Lizenzkosten und die Systempflege der Plattform einzubeziehen. Darum sollten schon vor dem Einsatz von Lernumgebungen eine Kalkulation und eine genaue Kosten/Nutzen-Analyse erfolgen.

3. Analyse, Definition und Architektur

3.1 Analyse

Durch den Einsatz einer Lernplattform sollen Präsenzveranstaltungen qualitativ unterstützt werden. Entscheidend ist, dass eine Lernplattform entweder den Anforderungen einer bestimmen Zielgruppe gerecht wird oder unabhängig ihres Einsatzbereichs eingesetzt werden kann. Diesbezüglich sollte eine genaue Bedarfs- und Adressatenanalyse vorliegen.

Das Ziel der Entwicklung von learncom ist es, einen Prototyp für eine Lernplattform unabhängig ihres Einsatzgebietes bereitzustellen. An dieser Stelle soll eine genaue Bedarfsanalyse anhand vorliegender Anforderungen durchgeführt werden. Grundlegende Basis aller Anforderungen, ist das von Prof. Dr. Beims verfasste Anforderungsdokument [P-Beims 04].

Nachfolgend sollen allgemeine, funktionale und benutzerspezifische Anforderungen analysiert und die grundlegende Architektur erläutert werden.

3.2 Anforderungen

3.2.1 Allgemeine Anforderungen

Generell soll keine Unterscheidung zwischen externer Verbindung über das Internet und interner Verbindung (innerhalb des Netzwerks) durch Clients existieren. Über die zu entwickelnde Lernplattform sollen verschiedene Kurse durch Tutoren angeboten werden können. Innerhalb der Kurse müssen verschiedene Lern- und Übungseinheiten angeboten werden können. Dabei sollen Lernmaterialien nur durch Tutoren bereitgestellt werden dürfen.

Die Lernplattform muss über verschiedene aktive und inaktive Kommunikationsmechanismen verfügen. Ein Austausch von Informationen, Fragen und Antworten soll über einen Forenbereich ermöglicht werden. Um über eine Umgebung verschiedene Lernszenarien anbieten zu können, muss das System schnell adaptierbar und skalierbar sein und modular strukturiert werden. Module sollen im späteren Verlauf ohne hohen Aufwand in das System einzubinden sein. Innerhalb der Lernumgebung muss eine Gruppierung der Benutzer in mindestens vier Rollen (Administrator, Tutor, Teilnehmer und Gast) existieren. Dies soll die Vergabe von Zugriffsrechten ermöglichen und eine Differenzierung unterschiedlicher Funktionen und Rechte vereinfachen. Nachfolgend werden registrierte Benutzer (Administratoren, Tutoren und Lernende) und unregistrierte Benutzer (Gäste) unterschieden. Dabei unterteilen sich die Benutzergruppen wie folgt:

Administrator

Administratoren sind global verantwortlich für die Lernplattform und verfügen über erweiterte Rechte zur Modifizierung aller Inhalte und Beiträge. Über administrative Funktionen können plattformspezifische Systemeinstellungen, wie Sprache und Darstellung eingestellt werden. Administratoren können Anwenderkonten (Tutoren und Teilnehmer) anlegen, bearbeiten und löschen oder sogar explizit deren Zugang sperren. Darüber hinaus können administrative Nutzer andere Administratoren zulassen. Desweiteren können Benutzer von einer Gruppe in eine andere transferiert werden. Neuregistrierungen werden als Mitteilung den Administratoren kenntlich gemacht. Generell haben Administratoren uneingeschränkten Zugriff auf alle Kurse, Arbeitsgruppen und Community-Inhalte.

Tutor (Lehrender)

Tutoren können innerhalb des Systems Kurse und Arbeitsgruppen anlegen, um themen- spezifische Lehrinhalte zu publizieren und bereitzustellen. Darüber hinaus kann der Kurseigner weitere Tutoren in den Kurs einbeziehen um Kursdaten durch mehrere Tutoren bereitstellen zu können. Innerhalb eines Kurses haben nur kurseigene Tutoren die Möglichkeit, Seminare und

Übungen bereitzustellen und Übungsvorgänge zu evaluieren. Desweiteren ist es nur einem Kurstutor gestattet, Dokumente im Dokumentenverzeichnis abzulegen oder Literatur-Empfehlungen und Internetverweise (Links) zu veröffentlichen. Der Lehrende ist verantwortlich für die durch ihn bereitgestellten Inhalte, sowie Beiträge der Kursteilnehmer innerhalb seines Kurses. Allgemein sollen Tutoren die Rolle des Ansprechpartners für Kursteilnehmer einnehmen und wenn nötig Unterstützung anbieten.

Teilnehmer (Lernender)

Teilnehmer gelten global als registrierte Benutzer. Sie können sich für beliebig viele Kurse und Arbeitsgruppen registrieren und haben die Möglichkeit, innerhalb der Kurse Übungen durchzuführen. Zudem können Lernende eigene Arbeitsgruppen anlegen und moderieren. Sie sind verantwortlich für den Inhalt der innerhalb der Arbeitsgruppen verfügbaren und publizierten Materialien und Beiträge. Wie auch bei den Tutoren kann der leitende Moderator andere Teilnehmer zur Unterstützung als Moderatoren hinzuziehen.

Gast (Interessent)

Interessenten können sich einen Einblick in die angebotenen Inhalte von öffentlichen Kursen und in deren publizierte Inhalte verschaffen. Desweiteren haben sie die Möglichkeit, öffentliche Foren einzusehen und Beiträge zu verfassen. Allgemein verfügen sie über eine sehr eingeschränkte Funktionsbreite. Da sie nicht über eine feste Benutzeridentifikationsnummer verfügen, haben Gäste keine Möglichkeit Mitteilungen zu versenden, Notizen oder Termine anzulegen oder Übungen durchzuführen.

3.2.2 Funktionale Anforderungen

Ausgehend von der allgemeinen Anforderungsbeschreibung, sollen an dieser Stelle die Anforderungen in einzelne Punkte konkretisiert werden.

AF010   Die Lernumgebung soll übersichtlich strukturiert sein

AF020   Ein modularer Aufbau soll die schnelle Erweiterbarkeit garantieren

AF030   Das System soll verschiedene Benutzerrollen mit speziellen Rechten anbieten

AF040   Administratoren und Lehrende müssen mit erweiterten Rechten versehen werden

AF050   In einem Kurs soll die Bereitstellung von Lern[25]- und Übungseinheiten ermöglicht werden

AF060   Ein Publikationsvorgang soll in kontrollierten Stufen erfolgen

AF070   Möglichkeit zur Bereitstellung verschiedener Übungstypvorgaben

AF080   Es soll in freie und kontrollierte Übungen differenziert werden

AF090   Zu allen angebotenen Kursen soll automatisch ein Forum existieren, indem Teilnehmer und Lehrende Informationen zu einem Kurs austauschen können

AF100   Begleitend zu (AF090) sollen Foren für den allgemeinen Austausch existieren

AF110   Es sollen verschiedene Verwaltungsfunktionen für die Pflege der Benutzer und der Foren durch den Administrator oder den Lehrenden vorgesehen werden

AF120   Möglichkeit zur Bereitstellung von Dokumenten in Kursen

---

[25] Nachfolgend wird der Begriff „Seminar" genutzt.

3.2.3 Benutzeranforderungen

Innerhalb learncom können vier verschiedene Benutzergruppen eingesetzt werden. Dabei wird zwischen registrierten (Lernender, Lehrender und Administrator) und unregistrierten Benutzer (Gast) unterschieden.

BF010   Jeder registrierte Benutzer muss sich an- und abmelden können

BF020   Kurse dürfen nur durch Lehrende (Tutoren) angelegt werden

BF030   Kurse können nur durch den Tutor oder den Administrator geändert bzw. gelöscht werden

BF040   Lerneinheiten (Seminare) und Übungen dürfen nur durch Lehrende (Tutoren) angelegt werden

BF050   Lerneinheiten und Übungen dürfen nur durch den Tutor geändert bzw. gelöscht werden

BF060   Interessenten (Gäste) können öffentliche Kurse einsehen und registrierungsfreie Seminare und Übungen durchführen

BF070   Kursteilnehmer sollen sich für verschiedene Kurse anmelden (registrieren) können

BF080   Kursteilnehmer sollen Unterstützung durch den Lehrenden anfordern können

BF090   Benachrichtigungen Lehrender sollen dem Teilnehmer direkt mitgeteilt werden

BF100   Löschung gespeicherte Kontexte und Historien nur durch den Administrator möglich

BF110   Möglichkeit zur Einsicht statistischer Übersichten von Kursen, Lern- und Übungs-einheiten, sowie der Unterstützungsanforderungen durch den Administrator und den zuständigen Lehrenden

BF120   Übungen und Übungskontexte einzelner Teilnehmer sollen via „Sessionmanagement" abgespeichert werden, um bei einer möglichen Unterbrechung des Übungsbetriebes, eine Fortsetzung zu ermöglichen.

BF130   Unterstützung soll in Form von direktem und indirektem Kontakt, statusabhängig ermöglicht werden.

Im nachfolgenden Anwendungsfalldiagramm (UseCase) sollen in vereinfachter Form die Benutzeranforderungen dargestellt werden. Dabei ist zu beachten, dass

- „Seminare (Lerneinheiten) und Übungen" als lehrspezifische Inhalte abgebildet werden

- Kontaktmöglichkeiten in Mitteilungs- und Forenfunktionen aufgeteilt worden sind

- „Löschung gespeicherter Kontexte und Historien" nur für Kurse dargestellt werden

- die Anwendungsfälle „An-/Abmeldung" und „Kurse einsehen" der Gäste werden aufgrund der Beschränkungen in diesem Kapitel gesondert beschrieben

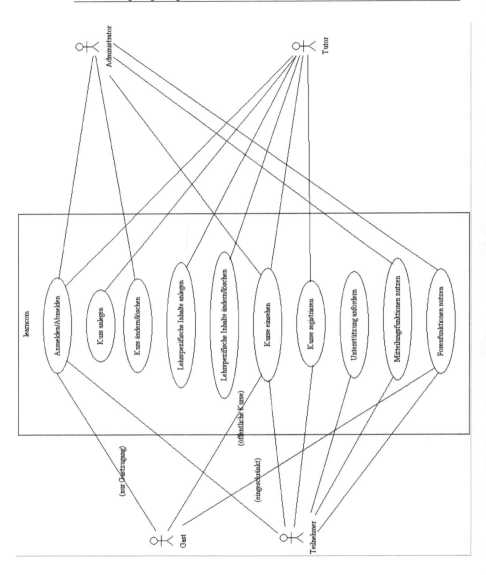

Abb. 11 Anwendungsfalldiagramm der Benutzeranforderungen

3.3 Definition und Zielbestimmung

Ziel des zu entwickelnden Prototyps ist eine webbasierte Lernplattform zur Unterstützung von Präsenzveranstaltungen. Der Prototyp soll einen zielgruppen- und adressatenunabhängigen Einsatz ermöglichen. Dabei ist ein modulares, skalierbares System zu entwickeln, um auch zukünftige Erweiterungen und Verbesserungen schnell und einfach einbinden zu können. Zu Demonstrations- und Testzwecken wird das System mit Bezug auf den Einsatz innerhalb der Hochschule Niederrhein entwickelt. Dabei soll bei der Realisierung des Prototyps versucht werden, allgemeine und benutzerspezifische Anforderungen umzusetzen. Speziell sollen Benutzer verschiedene Rollen einnehmen, die da wären:

- Administratoren
- Tutoren
- Teilnehmer
- Gastnutzer

Grundsätzlich sollen innerhalb des Systems Kurse mit Lehrinhalten in Form von Seminaren und Übungen publiziert werden können. Als Konsequenz zu den kognitivistischen Lerntheorien sollen Seminare als Hypertext-Dokumente mit multimedialer Unterstützung angeboten werden können. So können Lernende selbstständig die beste Methode zur Erschließung des Lehrstoffes wählen. Darüber hinaus sollen im Rahmen des Prototyps folgende Übungstypen umgesetzt werden:

- Aufgaben mit offenem Ende
- Multiple-Choice
- Lückentext
- Richtig oder Falsch
- Vokabular

Übungstypen wie beispielsweise „Multiple-Choice" oder „Richtig oder Falsch", sollen aufgrund schneller Rückmeldungen an den behavioristischen Lerntheorien ansetzen.

Der kommunikative Austausch soll durch Forenfunktionen umgesetzt werden. Hier ist zu untersuchen ob auf existierende Lösungen zurückgegriffen werden kann oder eine Eigenentwicklung nötig ist. Allgemein sind von den Anforderungen ausgehende, zusätzliche Entwicklungen und Funktionen optional und wünschenswert.

3.4 Architektur

Ausgehend von den Anforderungen, kann die zu entwickelnde Lernplattform in vier Hauptbereiche unterteilt werden. Dazu gehören die Benutzer, Kurse, Mitteilungen, und der Forenbereich.

Gruppen und Benutzer

Durch eine Gruppierung der Benutzer in vier verschiedene Rollen, existieren vier unterschiedliche Funktionsbereiche. Eine Rolle - und damit die spezifischen Funktionen des Benutzers - ergeben sich aus der Gruppenzugehörigkeit. Alle Funktionen werden über die Navigation und innerhalb der einzelnen Listen- und Detailsichten bereitgestellt. Dabei ist entscheidend, welcher Benutzergruppe der aktive Anwender angehört und ob er für den aktuellen Bereich gesonderte Rechte besitzt. Generell können beliebig viele Benutzer einer Benutzergruppe angehören, jedoch wird für den Prototyp definiert, dass ein Benutzer nur einer Benutzergruppe zugeordnet werden kann. Da ein Benutzer Teil einer Gruppe ist, liegt eine Beziehung in Form einer Aggregation zweier Klassen *Group* und *User* vor.

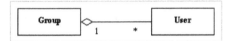

Abb. 12 Klassendiagramm: Benutzergruppen und Benutzer

In der Klasse *User* sind u. a. Methoden für die An- und Abmeldung, Profiladministration und Registrierungsfunktionalitäten der Nutzer vorzusehen. Generell sollen alle nutzerspezifischen Funktionalitäten über eine Instanz dieser Klasse verwaltet werden.

Mitteilungen, Adressbuch und Kalender

Über eine Mitteilungsklasse soll durch zuständige Methoden die kommunikative Verwendung von Mitteilungen bereitgestellt werden. Dabei kann jeder Benutzer beliebig viele Mitteilungen versenden und empfangen. Registrierte Anwender müssen daher über ein Postfach für den Empfang und die Einsicht von Mitteilungen verfügen. Mitteilungen haben durch den Sender und Empfänger einen eindeutigen Bezug auf den Benutzer. Deshalb liegt eine Beziehung zwischen der Benutzerklasse und der Mitteilungsklasse durch eine Assoziation vor. Da registrierte Benutzer sowohl als Sender und Empfänger fungieren können, ist es notwendig, dies anhand zweier, eindeutiger Assoziationen zu definieren.

Über die Anforderungen hinaus, wäre es sinnvoll, wenn jeder Benutzer über ein persönliches Adressbuch verfügen würde. Das Adressbuch soll dabei zur Ablage von Kontakten (anderen Benutzern) dienen. Die Kontaktdaten eines Adressbuchs sind abhängig vom jeweiligen Anwender und weisen auf eine eindeutige Beziehung zwischen Benutzer und Adressbuch hin. Hingegen kann das Adressbuch mehrere Benutzer beinhalten, über die durch eine Instanz der Benutzerklasse zugegriffen werden kann. Auch hier ist es nötig, Assoziationen qualitativ zu bezeichnen.

Darüber hinaus wäre es wünschenswert, wenn jeder registrierte Anwender persönliche Termine in einem Kalender eintragen kann. Da Termine, wie auch die Kontakte eines Adressbuchs, abhängig vom Benutzer sind, liegt auch hier eine Assoziation der Kalenderklasse und der Benutzerklasse vor.

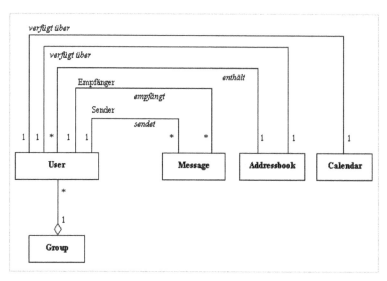

Abb. 13 Klassendiagramm: Mitteilungsfunktionalität, Adressbuch und Kalender

Kurse

Wie aus den Anforderungen weiter ersichtlich, soll es möglich sein, unterschiedliche Kurse anlegen zu können. Da Kurse ein wesentlicher Anteil des Systems sind, soll speziell eine Klasse *Course* zur Realisierung der Funktionsbereiche definiert werden. Überdies sollen über Kurse *Seminare*, *Übungen* und *Dokumente* bereitgestellt werden. Ergänzend zu den Forderungen ist es wünschenswert, innerhalb der Kurse *Internetverweise* (Links) und *Buchempfehlungen* veröffentlichen zu können. Darüber hinaus wäre es hilfreich, wenn jeder Kurs über ein *Glossar* verfügen würde, indem themenspezifische Abkürzungen und Begriffe gelistet und erklärt werden. Seminare, Übungen, Dokumente, Internetverweise, Buchempfehlungen und Glossar sind Teile eines Kurses für die, aus Gründen der Modularität, jeweils eine eigene Klasse definiert wird. Eine operative Beziehung mit einer Instanz der Kursklasse wird durch die jeweilige Aggregation verdeutlicht.

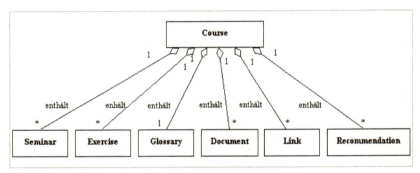

Abb. 14 Klassendiagramm: Kurs und Kursteile

Die Kardinalitäten der Aggregationen zeigen, dass innerhalb eines Kurses beliebig viele Seminare, Übungen, Dokumente, Internetverweise und Buchempfehlungen angelegt werden können. Da einem Kurs maximal ein Glossar zur Verfügung steht, wird dies mit einer „1 zu 1"-Kardinalität gekennzeichnet.

Arbeitsgruppen

Um auf Basis der konstruktivistischen Lerntheorie die Zusammenarbeit in einem Team oder Interessenkreis zu fördern, ist es wünschenswert, dass Mitglieder Arbeitsgruppen bilden können. Diese Arbeitsgruppen sollen der Zusammenarbeit und der aktiven Teilnahme der Lernenden dienen.

Dementsprechend sollen die zu Anfang genannten Hauptfunktionen um den Bereich der Arbeitsgruppen ergänzt werden. Ähnlich wie in einem Kurs müssen in einer Arbeitsgruppe verschiedene Publikationsmöglichkeiten existieren. Da Seminare, Übungen und Glossar den Kursen vorbehalten sind, können innerhalb der Arbeitsgruppen nur Dokumente, Internetverweise und Buchempfehlungen veröffentlicht werden. Da bereits die Klassen für Dokumente, Internetverweise und Buchempfehlungen als Teile eines Kurses definiert worden sind, werden sie dementsprechend als „geteilte Aggregationen" (shared aggregations) mit einer neuen Klasse *Workgroup* verwendet.

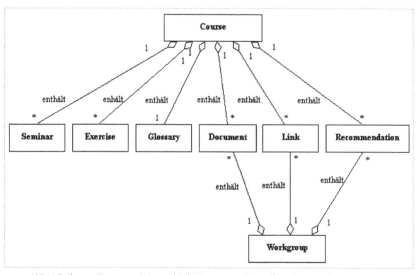

Abb. 15 Klassendiagramm: Kurs und Arbeitsgruppe mit geteilten Aggregationen

Community

Darüber hinaus bedarf es zum Austausch von Informationen innerhalb der zu entwickelnden Lernplattform eines Forenbereichs. Allgemein soll dieser Bereich als Community-Bereich definiert werden. Grundsätzlich muss es unterschiedliche, themenbezogene Forenbereiche geben, die wiederum verschiedene Foren beinhalten können. Ein Forum soll beliebig viele Themen und ein Thema wiederum beliebig viele Beiträge beinhalten können.

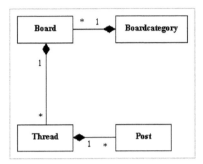

Abb. 16 Klassendiagram der Forenfunktion im Community-Bereich

Da ein Forum abhängig vom Forenbereich ist und das Entfernen eines Forenbereichs die Löschung der angehörigen Foren erwirken würde, liegt eine „strenge" Abhängigkeit zwischen den zuständigen Klassen vor. Dementsprechend sind Themen abhängig von einem Forum und Beiträge wiederum zu dem vorgesetzten Thema. Aufgrund dessen gilt es eine Beziehung als Komposition festzulegen. Sicherlich wünschenswert wäre die Möglichkeit zur aktiven Kommunikation der Anwender in einem Chat. Demnach soll der Community-Bereich so ergänzt werden, dass das System über einen öffentlichen Chat verfügt. Sämtliche Chatfunktionen sollen dabei, unabhängig von anderen Klassen, in den Methoden einer Klasse umgesetzt werden.

Erweiterte Architektur und Ergänzung

Grundsätzlich sollen Kurse und Arbeitsgruppen, sowie die Foren in unterschiedliche Themenbereiche unterteilt werden. Diese Bereiche werden ähnlich wie die Fachbereiche einer Hochschule oder die Abteilungen eines Unternehmens unterteilt. Beim Anlegen eines Kurses oder einer Arbeitsgruppe muss dabei vom Anleger der entsprechende (Fach-) Bereich ausgewählt bzw. zugeordnet werden. Damit die Themenbereiche durch einen Administrator angelegt bzw. verändert werden können, soll diesbezüglich eine Klasse *topicgroup* definiert werden. Innerhalb dieser Klasse sind Methoden zur Bearbeitung der Bereiche zu entwickeln und festzulegen. Kurse und Arbeitsgruppen sind durch ihre Zuteilung Teil eines Bereichs. Dementsprechend müssen beide Klassen über Aggregationen mit der Bereichsklasse kenntlich gemacht werden.

Aufgrund der Tatsache, dass Benutzer in Kursen und Arbeitsgruppen konkrete Rollen einnehmen, ist es notwendig deren Beziehungen genauer zu beschreiben. Grundsätzlich soll ein Kurs nur durch einen Tutor geleitet werden. Arbeitsgruppen hingegen werden durch Moderatoren geleitet. Moderatoren sind registrierte Benutzer mit erweiterten Rechten für die jeweilige Arbeitsgruppe. Darüber hinaus sollen Kurse und Arbeitsgruppen über registrierte Teilnehmer verfügen. Teilnehmer sollen sich, wenn nötig registrieren können. Gästen hingegen, soll nur eingeschränkt die Einsicht auf öffentliche Kurse und Arbeitsgruppen gewährt werden. Diese rollenspezifischen Beziehungen sind mit qualitativen Bezeichnungen im Klassendiagramm zu vermerken.

Daneben soll jeder Kurs und jede Arbeitsgruppe ergänzend über ein eigenes Forum und einen eigenen Chatraum verfügen. Das Forum und der Chatraum existieren nur, wenn dementsprechend ein Kurs bzw. eine Arbeitsgruppe vorliegt. Aufgrund dessen müssen Beziehungen der Instanzen durch eine Komposition der Klassen *Course* und *Workgroup* mit den Klassen *Board* und *Chat* vorliegen.

Ferner sollen für alle in der Definition (siehe 3.3) festgelegten Übungstypen einfache Vererbungen aus der Übungsklasse verwendet werden. Das bedeutet, dass für jeden Übungstyp eine separate, abgeleitete Klasse definiert wird. Jede Klasse soll dabei den spezialisierten Funktionsumfang der einzelnen Übungstypen realisieren. So wird die Modularität und die Skalierbarkeit durch neue Übungstypen gewährleistet. Die Oberklasse *Exercise* soll hingegen als Generalisierungsklasse fungieren, um allgemeine Funktionalitäten bereitzustellen.

Zusammenfassung

Folgende grundlegende Ergänzungen werden zu den Anforderungen aus Kapitel 3.2 definiert:

- Innerhalb der Plattform sollen Mitteilungen durch das Mitteilungssystem versendet und empfangen werden können

- Über ein Adressbuch sollen Kontakte angelegt werden können

- Ein Kalender soll Anwendern die Eintragung von Terminen ermöglich

- Neben den Kursen sollen Arbeitsgruppen die Zusammenarbeit der Teilnehmer fördern

- Kurse und Arbeitsgruppen sollen aus Gründen der Übersicht in Themen- bzw. Fachbereiche gruppiert werden

- Seminare können HTML-Form publiziert werden

- Das Lernsystem soll über öffentliche, kurs- und gruppenspezifische Chatfunktionen verfügen

Das nachfolgende Klassendiagramm stellt alle zu realisierenden Klassen und ihre Beziehungen dar. Da alle Bereiche grundsätzlich von Administratoren verwaltet werden können, wurde dies aus Übersichtsgründen nicht einbezogen.

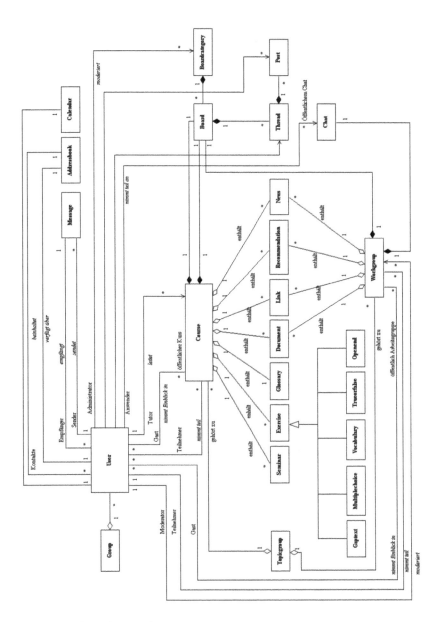

Abb. 17 Klassendiagramm: learncom Prototyp

4. Konzeption und Realisierung

In diesem Kapitel soll die Konzeption und die Realisierung von learncom erklärt werden. Dabei wird unter anderem auch auf die bei der Konzeption und Realisierung der Lernplattform verwendeten Werkzeuge und Technologien eingegangen. Darüber hinaus sollen Lösungsansätze für verschiedene Bereiche des Systems genauer analysiert und erläutert werden. Abschließend soll durch ein Fazit die Konzeption und Realisierung kurz rekapituliert und zur Bilanz gebracht werden.

4.1 Verwendete Technologien & Werkzeuge

learncom wurde mit Hilfe verschiedenster Techniken und Werkzeuge entwickelt. In den folgenden Abschnitten sollen diese Werkzeuge, Techniken und Technologien kurz erfasst und der Grund ihrer Nutzung erklärt werden.

Lizenzen und rechtliche Hinweise

Macromedia Flash® war das einzige kostenpflichtige Produkt, das bei der Entwicklung genutzt wurde. Eine gültige Lizenz für die Entwicklungsumgebung liegt vor. Die weitere Nutzung der Quelldaten ist dadurch nicht betroffen, sondern unterliegt den Rechten des Entwicklers.

Darüber hinaus wurde mit htmlArea ein freies Produkt gewählt. htmlArea steht unter der BSD OpenSource Lizenz. Mit einem Copyright-Vermerk darf dieses Werkzeug modifiziert und im Rahmen eines Produktes kommerziell weitergenutzt werden.

Die neben dem Framework verwendeten, zusätzlichen Klassen iam_csvdump, archive und paging wurden teilweise an das System angepasst, jedoch in ihrer Funktion nicht verändert. Sie sind laut der GNU GPL und LGPL Lizenz (auch im Rahmen eines kommerziellen Produkts) frei verwendbar. Rechtliche Vermerke sind in den Klassen angegeben und wurden nicht verändert.

Das Advanced Modular Framework (AMF) und die darin verwendeten Klassen und Technologien unterliegen den jeweiligen Lizenzbestimmungen. Für eine genaue Beschreibung der verwendeten Technologien, sowie deren Rechte und Lizenzen soll an dieser Stelle auf die Diplomarbeit von Herrn Khelili verwiesen werden ([P-AMF]). Eine Nutzungserlaubnis für das Framework liegt vor.

4.1.1 Apache Webserver

Bei Apache handelt es sich um einen OpenSource HTTP (Hypertext Transfer Protocol) Server. Mittlerweile ist Apache laut Statistiken und Aussage der Apache Software Foundation der populärste Webserver im Internet. Die erste Version (0.6.2) war ein Nachfolger des NCSA httpd 1.3 und wurde erstmals im April 1995 veröffentlicht. Apache unterstützt durch die Integration von Modulen, verschieden Sprachumgebungen und Erweiterungen. Die Konfiguration und Einrichtung des Webservers ist verhältnismäßig einfach. Eine Einrichtung kann unter Windows NT/9x, Netware 5.x und höher, OS/2 und fast allen Unix Systemen vorgenommen werden. Apache zeichnet sich durch eine gute Erweiterbarkeit, Leistungsfähigkeit, Robustheit und Administrierung aus.[26]

Die Gründe für die Verwendung des Apache Webservers bei der Entwicklung, sind:

- einfache Konfiguration

- Leistungsfähigkeit und Robustheit

- kostenlos nutzbar

- sehr gute PHP-Unterstützung (siehe 4.1.2)

Die Lernplattform learncom wurde unter einem Apache Webserver in der Version 1.3.29.0.2-4 und 2.0.48-2 entwickelt und getestet.

4.1.2 PHP

PHP (PHP: Hypertext Preprocessor) ist eine in HTML eingebettete, serverseitige Scriptsprache. Mittlerweile ist PHP für verschiedene Betriebsysteme erhältlich. Die Syntax von PHP ähnelt den Programmiersprachen C, Java und Perl. Sie ermöglicht die relativ einfache Entwicklung von dynamisch generierten Webseiten. PHP kann in Zusammenarbeit mit JavaScript, Macromedia Flash®, Java™ und sogar seit Version 3.04 mit dem proprietären ASP (Active Server Pages) genutzt werden. Der Unterschied zwischen clientseitigen (z.B. JavaScript) und serverseitigen Scriptsprachen ist, dass der Code auf dem Server statt auf dem Clientrechner ausgeführt wird. Allgemein gilt, dass nur eine serverseitige Nutzung das Generieren von dynamischen Webseiten ermöglicht. Dabei wird eine Anfrage vom Clientrechner an den (Web-)Server geschickt. Dieser generiert aufgrund der Anfrage eine HTML-Seite und sendet sie zur Darstellung an den Clientbrowser zurück. Durch die direkte Integrierung von PHP als Apachemodul (siehe 4.1.1) oder als eigenständiges CGI (Common Gateway Interfaces) Programm wird eine Einbindung in den HTTP Transfer ermöglicht.

---

[26] vgl. [L-Apache-Webserver]

Über die in PHP integrierten Datenbankfunktionen werden verschiedene Datenbanken-Management-Systeme (DBMS) unterstützt. Dies ermöglicht eine einfache Entwicklung von datenbankunterstützten Web-Applikationen. [27]

Die Scriptsprache PHP besitzt vereinfachte Ansätze der objektorientierten Programmierung. Mit Hilfe dieser Funktionen sind Klassenbildungen, einfache Vererbungen und Objektnutzung möglich. Die objektorientierte Programmierung mit PHP ist keinesfalls vergleichbar mit den Möglichkeiten der Programmiersprache C++. Abzuwarten ist die von den Entwicklern prognostizierte Version 5, die diesbezügliche Verbesserungen enthalten soll.

Der Einsatz von PHP ist allerdings je nach Projektgröße vorher abzuwägen, da PHP sich nur bedingt für größere Projekte eignet. Gründe für eine Umsetzung von learncom mit Hilfe von PHP sind unter anderem:

• Erfahrung und Kenntnisstand des Entwicklers

• Funktionsumfang für die Entwicklung mehr als ausreichend

• gute Dokumentation und Community Unterstützung

• Umsetzung mit AMF (siehe 4.2) als Basissystem

• gute Datenbankanbindungsmöglichkeiten

Learncom wurde mit Hilfe von PHP4 in der Version 4.3.4-4 und 4.3.5-1 entwickelt und getestet.

4.1.3 Smarty Template Engine

Die Smarty Template Engine dient zur Trennung von PHP Logik (Code) und der Darstellungsform (Layout). Dieses Prinzip ermöglicht eine bessere Modulierung, Wartung und Übersichtlichkeit von Webapplikationen. Dabei wird innerhalb der Logik ein Template geladen und den integrierten Variablen, Werten und Inhalten zugewiesen.

Diese Art der Trennung gestattet die Wiederverwendung der Darstellungsform mit unterschiedlichen Wertzuweisungen. [28]

Gründe für die Nutzung von Smarty innerhalb der Diplomarbeit sind unter anderem:

• gute Trennung von Logik und Darstellung

• Leistungsfähigkeit

• gute Dokumentation und Community Unterstützung

• Erfahrung und Kenntnisstand des Entwicklers

---

[27] vgl. [L-PHP]
[28] vgl. [L-Smarty]

- erweiterter Funktionsumfang im Vergleich zu anderen Template-Systemen

- leichte Implementierung

Bei der Entwicklung der Lernplattform wurde die Smarty in der Version 2.6.2 verwendet.

4.1.4 MySQL

MySQL ist ein Multi-Thread und Multi-User SQL[29]-Datenbank-Server. Dabei handelt es sich bei MySQL um eine Client/Server Implementierung - einem Serverdämon (mysqld) und vielen Clientprogrammen und (gemeinsam genutzten) Bibliotheken. Der Einsatz von MySQL bezieht sich häufig auf die Nutzung innerhalb von Webseiten und kleineren Webapplikationen.[30]

Die Gründe für die Umsetzung von learncom mit MySQL als Datenbasis sind:
- Kosten (OpenSource Software)

- gute Dokumentation und Community Unterstützung

- Kompatibilität und häufige Verwendung auf Webservern

- ausreichender Leistungsumfang

- gute Zusammenarbeit mit PHP (siehe 4.1.2)

- Erfahrung und Kenntnisstand des Entwicklers

Learncom wurde mit Hilfe von MySQL in der Version 3.23.52-2 und 3.23.58-1.9 entwickelt und getestet.

4.1.5 XML / XSL

XML (Extensible Markup Language) ist eine Dokumentbeschreibungssprache. Sie ermöglicht eine Trennung der logischen und physikalischen Dokumentstruktur. Daraus resultiert eine Trennung des Inhalts und der Darstellung eines Dokuments. Die Struktur wird dabei in einer sogenannten Document Type Definition (DTD) festgelegt. Eine Formatierung eines XML Dokuments erfolgt durch die Extensible Stylesheet Language (XSL). Durch die Formatierung können einem XML Dokument verschiedene XSL Stylesheets zugeordnet werden, die eine variable Ausgabe der Daten eines XML Dokuments für die weiterführende Nutzung ermöglichen.

---

[29] SQL - Structured Query Language (engl. strukturierte Abfragesprache)
[30] vgl. [L-MySQL]

4.1.6 Cascading Style Sheets (CSS)

Mit Hilfe von Cascading Style Sheets (CSS) werden logische und semantische Auszeichnungen innerhalb von HTML-Dokumenten in visuelle Informationen umgesetzt. So definieren Style Sheets, wie HTML-Elemente dargestellt werden sollen. Der Grund für die Entwicklung und Definition von CSS durch das World Wide Web Consortium (W3C) war, eine Trennung zwischen dem eigentlichen HTML-Dokument und der Präsentation dieses Dokuments zu schaffen.

Cascading Style Sheets können entweder direkt innerhalb eines HTML Dokuments oder aber in einer externen Datei definiert werden, wobei sich letzteres für eine seitenübergreifende Nutzung und leichtere Handhabung besser eignet. Bei der Entwicklung von learncom wurde die CSS Version 2.0[31] genutzt.

4.1.7 JavaScript

Bei JavaScript handelt es sich um eine von Netscape entwickelte, meistens clientseitig genutzte, Objekt-Scriptsprache. JavaScript ermöglicht dabei den Zugriff auf browserspezifische Funktionen und u. a. die Be- bzw. Verarbeitung von Formularelementen und deren Inhalten. Zudem können Funktionen für eine Behandlung von ausgehenden Aktionen innerhalb einer Webseite durch Benutzereingabegeräte (Maus, Tastatur etc.) implementiert werden. JavaScript kann, wie auch CSS (siehe 4.1.6) innerhalb eines HTML Dokuments oder als externe, ausgelagerte Datei verwendet werden. Je nach Nutzung und Funktion sollte auch hier die Auslagerung erfolgen.

Eine Umsetzung einer Webapplikation ohne die Nutzung von JavaScript wäre in einigen Bereichen und Anforderungen nicht oder nur beschränkt machbar. JavaScript wird, wenn es nicht deaktiviert wurde, von allen gängigen Browsertypen unterstützt. Jedoch gibt es bei einigen Browsertypen Interpretationsverschiedenheiten, die eine Entwicklung manchmal mühsam gestalten.

---

[31] [L-CSS2.0-Index]

4.1.8 Andere Werkzeuge und Technologien

htmlArea

Das von Mihai Bazon[32] entwickelte htmlArea[33] ist ein webbasierter WYSIWYG[34]-Editor zur Erstellung und Editierung von HTML Seiten. Je nach vorkonfigurierter Einstellung verfügt der, hauptsächlich in JavaScript realisierte, Editor über einen breiten Funktionsumfang. Die modulare Struktur ermöglicht es verschiedene zusätzliche Erweiterungen zu entwickeln oder Module von Drittanbietern einzubinden, um den Funktionsumfang noch weiter zu vergrößern. In der aktuellen Version des learncom Prototyps wurde htmlArea v3.0-r1 eingebunden.

Der Funktionsumfang umfasst unter anderem folgende Funktionen:

- Auswahl des Schrifttyps

- Schriftgröße

- Schriftformatierung (Fettdruck, Kursiv, Unterstrichen, Durchgestrichen, etc.)

- Kopieren, Ausschneiden und Einfügen[35]

- Rückgängig (undo) und Wiederherstellen (redo)

- Positionierung (links, rechts, mittig und Blocksatz)

- sortierte und unsortierte Listendarstellung

- (Tabulator-)Einzug

- Einbindung von Mediendaten (Bilder, Animationen)

- Vergrößerungsdarstellung des Editors

- verschiedene Formen der Tabellendarstellung und Tabelleneditierung

Dabei handelt es sich bei der Mediendateneinbindung um eine eigenständig entwickelte, datenbankunterstützte Erweiterung des Editors. Die standardmäßige Einbindung von Mediendaten unterstützt nur die Angabe einer Internetverlinkung. Durch die entwickelte Erweiterung werden Mediendaten in der Datenbank als Binärdatei abgespeichert und ermöglichen so die Einbindung individueller Bilder oder Animationen des Anwenders, ohne auf bestehende Webseiten zu verweisen.

---

[32] [L-Mishoo]
[33] [L-Interactivetools]
[34] WYSIWYG - What You See Is What You Get – Eine Technik die eine Darstellung innerhalb eines Editors genauso darstellt wie sie bei der Fertigstellung erscheint.
[35] Anm.: Bei der Nutzung von Mozilla 1.x wird das Einfügen standardmäßig nicht untersagt.

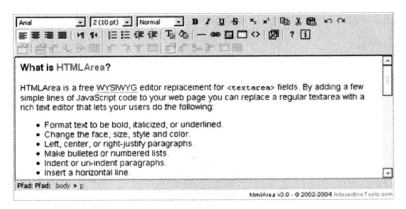

Abb. 18 htmlArea mit Tabellenfunktionen

Macromedia Flash®

Macromedia Flash® gehört mittlerweile zu den am häufigsten benutzten Technologien für die Erstellung von interaktiven Medien und Animationen im Bereich der Webentwicklung. Durch die relativ einfache Handhabung von Macromedia Flash® ist es möglich Texte, Audio, Video und Grafiken in Form von multimedialen Filmen bereitzustellen. Desweiteren unterstützt die applikationseigene Scriptsprache „ActionScript" die Entwicklung erweiterter und komplexerer „Flash®-Applikationen". Das nötige Browser-Plugin kann kostenlos auf den Seiten von Macromedia [L-Macromedia] bezogen werden.

4.2 Die Basis: Das Framework AMF

Im Rahmen einer Diplomarbeit an der Hochschule Niederrhein wurde durch Herrn Khelili 2003 ein Framework mit dem Namen „Advanced Modular Framework" (kurz: AMF) für die Entwicklung von Webapplikationen entwickelt. Herr Khelili definiert in seiner Arbeit ein Framework als „eine Architektur für einen Anwendungsbereich"[36].

Resultierend aus seiner Anpassbarkeit und Wiederverwendbarkeit soll die Nutzung des Frameworks die Entwicklungszeit und die daraus folgenden Kosten verringern. Dabei wird dem Entwickler ein Basissystem mit funktionalen Grundeigenschaften zur Verfügung gestellt, welches sich je nach Projektanforderungen konkretisieren lässt. Durch seine komponenten-basierte Entwicklung ist der Applikationsrahmen beliebig skalierbar und lässt einen dynamischen Austausch und die Modifikation der Komponenten zu. Die schichtorientierte Entwicklung von Frameworks erlaubt die Trennung von „Daten", „Programmierung" und „Layout". Dies kommt vor allem der Übersichtlichkeit, Wiederverwendbarkeit und der Wartungsfähigkeit zugute.

4.2.1 Architektur

Die zentrale Verarbeitungseinheit des Frameworks ist „Phrame". Phrame ist eine Open-Source Software, die ähnlich wie Jakarta Struts nach dem Model-View-Controller (Model 2) arbeitet (vgl. [A-Khelili], S.25). Durch die dreistufige Struktur erhält das Framework seine Flexibilität und Übersichtlichkeit:

Model

Auf der Model-Ebene befinden sich projektspezifische Klassen, die für die Verarbeitung der Daten zuständig sind. Der Zugriff und die Verwaltung erfolgt durch die Schnittstelle Adodb (Active Data Objects Database).

View

Diese Ebene besteht aus dem Templating-System ETS (Easy-Template-System), projekt-spezifischen Klassen und Template-Dateien. Hier sorgt ETS für die Verbindung zwischen projektspezifischen View-Objekte und entsprechenden Template-Dateien.

Controller

Der Controller ist für die Verarbeitung der Anfragen über die Klassen *ActionController*, *Action*, *ActionForm*, *ActionMapping* und *ActionForward* von Phrame („Requests") zuständig.

---

[36] [A-Khelili, S.9]

Zur genaueren Verdeutlichung zeigt Abbildung 19 die unterschiedlichen Bereiche und Gruppierungen.

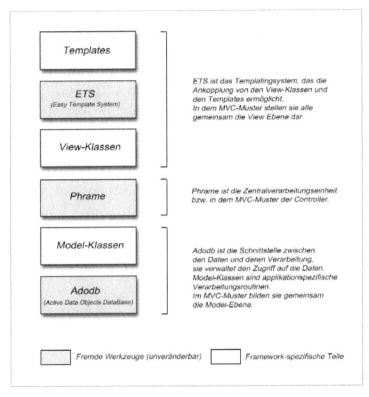

Abb. 19 Frameworkstruktur (übernommen aus [A-Khelili, S.38])

4.2.2 Prinzip

Die nachfolgende Abbildung zeigt von links nach rechts, den schematischen Ablauf der Aktionsbearbeitung und die Bereitstellung des resultierenden HTML-Dokuments.

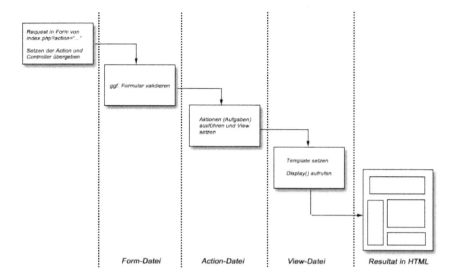

Abb. 20 Schematischer Ablauf des Advanced Modular Framework

1. Eine Anfrage („Request") aus einem vorherigen View wird durch den Controller empfangen. Der Controller prüft die erhaltene URI und die Namen der Form- und Aktionsklasse („Actionclass"). Diese führen, falls notwendig, eine (Formular-)Validierung und die Geschäftslogik durch

2. Falls vorhanden, prüft die Validierungsklasse („Formclass") die Gültigkeit der Formular-eingabe

3. Die Aktionsklasse führt ihre definierten Aktionen bzw. Funktionen durch

4. Sobald die Aktionsklasse ihre Verarbeitung durchgeführt hat, gibt sie die Steuerung dem Controller zurück. Dies erfolgt grundsätzlich mit dem Hinweis, wohin die Weiterleitung für die Darstellung erfolgen soll

5. Die Anfrage ist beendet, wenn der Controller durch Weitergabe („Forwarding") an einem View das Ergebnis der Aktion anzeigt

4.2.3 Ergänzungen und Erweiterungen

Template-System

Innerhalb des Frameworkprototyps wurde zur Layoutdarstellung das Easy-Template-System (ETS) verwendet. Jedoch war schon relativ schnell klar, dass der funktionale Umfang dieses Template-Systems nicht den Anforderungen für eine komplexe Entwicklung der Lernplattform Genüge tragen würde. Deshalb wurde kurzerhand das ETS durch das Smarty[37]-Template-System ersetzt. Allgemein kann man sagen, dass es sich bei ETS ohnehin um eine „Light"-Version von Smarty handelt. Da sich jedoch die Darstellungssyntax dieser Template-Systeme unterscheidet, waren Änderungen und Anpassungen innerhalb des Frameworks und dessen Grundkomponenten wie z.B. dem View, notwendig.

Navigation

Aufgrund der verschiedenen Benutzergruppen der Lernplattform war es erforderlich, vier verschiedene Navigationen mit unterschiedlichen Funktionen bereitzustellen. In der für die Navigationselemente zuständigen XML-Datei wurde die Navigation elementar in Gruppierungen unterteilt. Dabei wurde eine komplette Navigationsstruktur für jede Benutzerrolle als Elementhauptgruppe definiert. Innerhalb dieser Elementhauptgruppe befinden sich hierarchisch angeordnet, die einzelnen Untergruppen. Die Untergruppen bilden durch ihre Elemente einen kompletten Navigationspunkt, welcher die eigentliche Aktionsanforderung ausführt. Die Änderung erforderten darüber hinaus Anpassungen des für die Transformation zuständigen XSL-Codes, um alle Navigationselemente der XML-Datei in Array-Elemente zu transformieren. Durch die Anpassung wird wie zuvor nicht nur ein Array-Element für eine komplette Navigationsstruktur angelegt, sondern gleich derer vier. Dies ermöglicht, benutzergruppenabhängig auf die einzelnen Navigationsarrays und damit auf die unterschiedlichen Funktionen der Benutzergruppen zuzugreifen.

Systemmeldungen

Generell sind im AMF System mit *submitmessage* und *errormessage*, zwei unterschiedliche Meldungsarten implementiert worden. Um jedoch auch Bestätigungsmeldungen ausgeben zu können, wurde speziell der Meldungstyp *confirmmessage* eingeführt. Mit Hilfe dieses Meldungstyps können jetzt Rückfragen mit variablen Bestätigungseinheiten eingesetzt werden. Nutzungsbeispiele sind unter anderem: die Anfragen bei der Erstellung multipler Übungsinhalte (siehe 4.3.7) oder der Registrierungsvorgang von Kursen und Arbeitsgruppen.

---

[37] [L-Smarty]; vgl. 4.1.3

Sonstiges

- Verbesserungen und Erweiterungen in der Zugangslogik (Login)
- Simplifizierung der View-Funktionalität
- Funktionale Erweiterungen in Form von zusätzlichen Klassen
- Funktionale Erweiterungen in Form von zusätzlichen Funktionen in bestehenden Klassen
- Verbesserung und Erweiterung der JavaScript Funktionen

4.4 Realisierung

Nachfolgend sollen die Realisierungsprozesse der Hauptfunktionen detailliert beschrieben werden. Darüber hinaus gilt es, Probleme und Lösungswege zu schildern. Am Ende des Kapitels soll auf allgemeine Lösungen und zusätzliche Funktionen kurz eingegangen werden.

4.4.1 Benutzer und Benutzerrollen

Die Lernplattform verfügt über vier verschiedene Benutzerrollen (siehe 3.1.1) und daher über vier unterschiedliche Funktionsbereiche. Die Funktionen werden über die Navigation und innerhalb der einzelnen Detail- und Listensichten bereitgestellt. Dabei ist entscheidend, welcher Benutzergruppe der aktive Anwender angehört und ob er für spezielle Bereiche erweiterte Funktionsmöglichkeiten besitzt.

Die Rollenverteilung wird mit Hilfe des Datenbanksystems realisiert. Jedem eingetragenen Benutzer wird über ein Gruppenidentifikationsfeld eindeutig eine Gruppe zugewiesen. Die Identifikation kann einen numerischen Wert von 1 bis 3 beinhalten, wobei „1" für die Administratoren, „2" für Tutoren und „3" für Teilnehmer steht. Wie bereits in der Definition (siehe 3.1) definiert worden ist, kann ein Benutzer innerhalb des Prototyps nur einer Gruppe angehören. Darüber hinaus soll ein Gastzugang für Interessenten existieren.

Damit mehrere Gäste zu einer Zeit das System einsehen können, wird jedem Benutzer eine generierte Kennung zugewiesen. Über diese Kennung und der zugehörigen Gruppen-identifikationsnummer („4") kann der Gast während des Aufenthalts eindeutig identifiziert werden. Alle Gäste werden gesondert behandelt und temporär in einer – von den anderen Benutzern separaten – Datenbanktabelle abgelegt. Um bei einem möglichen Missbrauch den Zugang des Gastnutzers zu sperren, ist eine Gastanmeldung mit Sicherung der IP-Adresse verbunden.

Generell soll eine vollständige Nutzung der Lernplattform nur mit einer gültigen Authentifizierung möglich sein. Das bedeutet, dass eine Anmeldung durch den Benutzer an das System erforderlich ist. Bei der Authentifizierung werden Benutzername und Kennwort über eine Methode der Klasse *User* in verschlüsselter Form mit den Daten in der Datenbanktabelle *User* verglichen. Existiert der Benutzername und wurde ein korrektes Kennwort angegeben, so wird der Zugang zur Lernplattform gewährt.

Damit Anwender während ihres Aufenthalts jederzeit eindeutig identifizierbar sind, werden Sitzungs-, Benutzer- und Gruppenidentifikationsnummer in „Cookies" abgelegt. Cookies sind temporäre Dateien zur Zwischenspeicherung von benutzerspezifischen Werten. Sie werden lokal, in einem Temporärverzeichnis auf der Festplatte des Nutzers gespeichert. Der Inhalt der Cookies wird bei einer Anfrage des Webservers über den Browser zur Verfügung gestellt. Um einen Missbrauch der relevanten Gruppenidentifikationsnummer zu vermeiden, wird deren numerischer Wert in den Cookie-Informationen verschlüsselt abgelegt. Diese Verschlüsselung, sowie die des Authentifizierungsvergleichs, werden durch einen MD5-Verschlüsselungs-Algorithmus gewährleistet. Dieser, durch Professor Ronald L. Rivest vom MIT[38] zur Sicherung von Signaturen entwickelte Algorithmus, bildet einen 128-Bit starken, einzigartigen String. Die ordnungsgemäße Anmeldung eines Anwenders wird durch die Abfrage der Cookie-Informationen überprüft. Weiterführende Informationen über Cookies oder die verwendete MD5-Verschlüsselung können in einschlägiger Literatur oder auf entsprechenden Internetseiten eingesehen werden.

Dadurch, dass bei jeder Anfrage des Benutzers an den Webserver auf die Benutzer-informationen zugegriffen werden kann, können gruppen- und nutzerabhängige Funktionen und Inhalte generiert und angezeigt werden. Nur so ist es beispielsweise möglich, den aktuellen Anwender als Eigner eines Kurses oder einer Arbeitsgruppe zu verifizieren oder einem Gast nur den Zugriff auf öffentliche Dienste und Funktionen zu gestatten.

Darüber hinaus werden alle angemeldeten Anwender (Gäste ausgenommen) in einer temporären Sitzungstabelle verwaltet. Alle Sitzungen („Sessions") werden aufgrund eines Logins eingetragen und durch einen Logout wieder aus der Tabelle entfernt. Dies ermöglicht, jederzeit sagen zu können, welche und wie viele Benutzer zu einem Zeitpunkt angemeldet sind. Generell müssen Sessions alle 30 Minuten in Form von (UNIX-)Zeitstempeln aktualisiert werden. Wird eine Session nicht im angeforderten Zeitfenster „aufgefrischt", wird der Anwender nicht mehr als angemeldet betrachtet und es wird davon ausgegangen, dass das System wahrscheinlich ohne ordnungsgemäße Abmeldung verlassen wurde.

---

[38] MIT - Massachusetts Institute Of Technology, USA

4.4.2 Struktur und Navigation

Struktur

Für eine bessere Übersicht und einfachere Handhabung wurde der Prototyp als 3-Frame[39] Frameset[40] aufgebaut. Durch die Nutzung eines Framesets kann eine permanente Ansicht der Navigation gewährleistet werden. Ein weiterer Vorteil ist, dass das Laden der kompletten Seite vermieden wird und abhängig vom Zielfenster genau gesteuert werden kann. Das Frameset und die Inhalte der Frames wurden dabei so definiert, dass die Nutzung der Plattform mit einer Mindestauflösung von 800x600 Pixel ohne Probleme möglich ist. Wie aus der nachfolgenden Abbildung ersichtlich, handelt es sich um eine Aufteilung mit einem linken, einem oberen und einem Hauptframe.

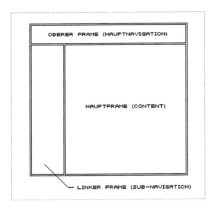

Abb. 21 learncom Frameset-Struktur

Der **obere Frame** stellt die Hauptnavigation, sowie eine Suchfunktion dar. Dabei können über die Hauptnavigation alle Hauptfunktionsgruppen direkt angesteuert werden. Die Hauptnavigation ist für jede registrierte Benutzergruppe identisch. Das heißt, Administratoren, Tutoren und Teilnehmer verfügen jeweils über die gleiche Ansicht. Bei den Gästen fehlt lediglich der Navigationspunkt Mitteilungen, da sie aufgrund der fehlenden Zuordnung ohnehin keine Mitteilungen innerhalb des Systems senden oder empfangen können. Eine im oberen Frame implementierte Suchfunktion ermöglicht das Auffinden bestimmter Inhalte, durch die Eingabe von Suchwörtern. Die Suchfunktionalität wird im Verlauf dieses Kapitels noch genauer erklärt.

---

[39] Frame – Nachfolgend auch Fenster genannt
[40] Frameset – Darstellungsaufteilung in separaten Fenstern

Der **linke Frame** beinhaltet die Subfunktionen des jeweiligen Hauptnavigationspunktes. Der Funktionsumfang dieser Subnavigation ist abhängig von der Benutzergruppenzugehörigkeit des aktuellen Anwenders. So verfügt der Administrator zum Beispiel über einen anderen Funktionsumfang als z.B. ein Tutor oder Teilnehmer. Darüber hinaus befindet sich im linken Frame, unterhalb der Subnavigation ein kleines Informationsfenster. Dieses Fenster informiert den Anwender über die Anzahl der eingeloggten Benutzergruppen und die im öffentlichen Chat befindlichen Teilnehmer. Dabei werden alle Daten anhand der vorhandenen Sitzungen (Sessions) durch entsprechende Methoden der Benutzerklasse aus der Datenbank entnommen.

Abb. 22 Informationsbox

Der **Hauptframe** dient der Darstellung der angeforderten Inhalte und Sichten. Er besitzt als einziger eine Scroll-Funktion, so dass auch über die Ansicht des Anwenders hinaus, längere Inhalte problemlos angezeigt werden können. Im Gegensatz dazu sind Scrollfunktionen aufgrund der fehlenden Notwendigkeit innerhalb der Navigationsframes (oberer bzw. linker Frame) deaktiviert. Alle Inhalte, bis auf Masken, werden in relativer Breite präsentiert. Dabei wird für Listensichten in der Tabellendefinition eine relative Breite in Prozent und für Masken eine absolute Breite in Pixel angegeben. Aufgrund einer besseren Sichtweise für Eingabemasken wurde ausdrücklich auf relative Breitenangaben verzichtet.

Navigation

Wie bereits oben erwähnt, befinden sich alle Hauptnavigationspunkte im oberen Frame. Dabei können die einzelnen Hauptbereiche des Systems direkt über die jeweilige Schaltfläche aufgerufen werden. Alle Hauptnavigationselemente werden in Form von Symbolen dargestellt. Die Nutzung von Symbolen mit entsprechenden Bezeichnungen soll die unterteilten Bereiche für den Anwender schneller erkennbar und leichter navigierbar machen. Die Hauptnavigation besteht aus:

- Schreibtisch
- Kurse
- Arbeitsgruppen
- Mitteilungen
- Community
- Hilfe
- Logout

Durch die Anwahl eines Navigationspunktes wird automatisch die Subnavigation im linken Frame und zeitgleich die Bereitstellung einer vorkonfigurierten Sicht oder Funktion im Hauptframe angezeigt. Generell wird die Navigation in einer XML-Konfigurationsdatei hinterlegt. Dabei werden die gruppenspezifischen Navigationsbereiche in die Hauptelement-gruppen *navigation1*, *navigation2*, *navigation3* und *navigation4* unterteilt, und zwar steht *navigation1* für *Administrator*, *navigation2* für *Tutor*, *navigation3* für *Teilnehmer* und *navigation4* für einen *Gastnutzer*.

Innerhalb dieser Hauptelementgruppen befinden sich, hierarchisch angeordnet, einzelne Untergruppen. Diese wiederum bilden einen kompletten Hauptnavigationspunkt. Die dritte Elementebene definiert alle Subnavigationspunkte. Vereinfacht sieht dies zum Beispiel für den Administrator folgendermaßen aus:

```
<navigation1 style="topleft">
    <item url="index.php?action=home" target="">
        <title>Schreibtisch</title>
        <image kind="img" scrl="images/menu/desktop.gif" scr2="">
        </image>
        <!-- ... -->
        <item url="index.php?view=setup" target="mainFrame">
            <title>Einstellungen</title>
            <image kind="" scrl="" scr2="">
            </image>
        </item>
        <item url="index.php?action=topicgroups" target="mainFrame">
            <title>Themenbereiche</title>
            <image kind="" scrl="" scr2="">
            </image>
        </item>
        <!-- ... -->
    </item>
    <item url="index.php?action=listcourses" target="">
        <title>Kurse</title>
        <image kind="img" scrl="images/menu/courses.gif" scr2="">
        </image>
        <item url="index.php?action=listcourses" target="mainFrame">
            <title>Kursübersicht</title>
            <image kind="" scrl="" scr2="">
            </image>
        </item>
    </item>
    <!-- ... -->
    <item url="index.php?action=logout" target="mainFrame">
        <title>Logout</title>
        <image kind="img" scrl="images/menu/logout.gif">
        </image>
    </item>
</navigation1>
```

Abb. 23 Ausschnitt aus der XML-Datei für die Navigation eines Administrators

Durch eine Transformation der XML-Datei mittels einer XSL-Datei wird die vollständige Navigation in Form von Arrays in eine externe Datei namens `navigation.php` im Ordner `/app/inc/` geschrieben. Die Einbindung der Datei zur Laufzeit ermöglicht einen Zugriff auf die verschiedenen Navigationsarrays. Die Navigation kann dann, abhängig vom angemeldeten Benutzer, aus den Arrays generiert und angezeigt werden.

Der Vorteil dieser Vorgehensweise aus dem AMF ist, dass eine schnelle und einfache Änderung und Erweiterung der Navigation, ohne eine Änderung von HTML-Dokumenten oder Templates erfolgen kann.

4.4.3 Layout und Darstellung

Um die Lernplattform optisch anpassen zu können, wird die einheitliche Darstellung fast ausschließlich mit Hilfe von Cascading Style Sheets (CSS) (siehe 4.1.6) realisiert. Es ist vorgesehen, dass CSS-Dokumente als Darstellungsschema eingebunden werden können, damit eine Umstellung der Farb- und Schriftdarstellung innerhalb der Applikation, sowie eine Einbindung eigener Schemata möglich ist. Sämtliche Style Sheets werden in Form der CSS Version 2.0[41] entwickelt und erfordern für eine ordnungsgemäße Betrachtung eine zeitgemäße Browserversion. Bei der Definition und Entwicklung der Style Sheets wurde hohen Wert auf eine browserunabhängige Darstellung gelegt. Jedoch interpretieren Browser noch immer einige Befehle unterschiedlich, so dass eine einheitliche Darstellung nur annähernd gewährleistet werden kann.

Allgemein wird die Darstellung in den Templates realisiert. Dabei wurden je nach Verwendungszweck unterschiedliche Templates entwickelt. Templates sind prinzipiell wie HTML-Seiten aufgebaut, allerdings erfolgt hier eine Trennung von Code und Layout. Statt der separaten Bereitstellung von mehreren, identischen Seiten mit unterschiedlichen Inhalten wird hier nur ein Template erstellt und dynamisch vervollständigt. Innerhalb der Templates werden die Inhalte, anders als bei der herkömmlichen Entwicklung von HTML-Seiten, durch Variablen ersetzt. Die Variablen werden zur Laufzeit durch den View des Model View Controllers mit Werten besetzt und im Zusammenhang mit dem Template als HTML-Dokument an den Browser übermittelt.[42] Dabei ist für den Browser nicht ersichtlich, dass es sich dabei um ein generiertes HTML-Dokument handelt. Strukturelle Änderungen sind nunmehr innerhalb des einen Templates und nicht in den verschiedenen HTML-Dokumenten vorzunehmen.

Innerhalb des Prototyps bestehen die meisten Seiten aus mehreren Templates. Da annähernd alle Inhaltsseiten mit den gleichen Kopfinformationen wie Seitentitel oder Einbindung externer Konfigurationsdateien arbeiten, wird zu Anfang des eigentlichen Seitentemplates die Kopfinformation durch ein externes Template eingebunden. Das inhaltsspezifische Template wird darüber hinaus mit einem „Top"- und „Bottomtemplate" umschlossen. Sie vereinheitlichen die Darstellung der Ober- und Unterseite des Inhalts und setzen die bereichsabhängige Überschrift. Falls notwendig, wird an dieser Stelle zusätzlich eine Seitenindexierung angezeigt.

---

[41] [L-W3C] [L-CSS2.0-Index]
[42] vgl. 4.2 – Die Basis: Das Framework AMF

4.4.4 Themenbereiche (Topicgroups)

Die Themenbereiche dienen der Einteilung und Gruppierung der Kurse, Arbeitsgruppen und Foren. So werden beispielsweise Kurse, die informationstechnischen Inhalt bieten, einem Bereich Informatik zugeteilt. Die Anzahl und Bezeichnung der einzelnen Bereiche kann nur durch einen Administrator bestimmt werden. Generell sind neue Kurse oder Arbeitsgruppen einem Themenbereich zuzuteilen.

Methoden zur Bearbeitung der Bereiche werden über eine Klasse *topicgroup* definiert und können nur mit administrativen Rechten genutzt werden. Die Methoden bieten Funktionen zum Anlegen, Modifizieren und Löschen der Themenbereiche. Allgemein wird ein Themenbereich mit einem numerischen Wert identifiziert. Alle Themenbereiche werden in einer Entität *Topicgroup* mit der Identifikationsnummer und einer Beschreibung hinterlegt.

4.4.5 Kurse

Kurse gehören zum wichtigsten Bereich des Lernsystems und bilden eine themenbezogene Subplattform zur Publizierung von Seminaren, Übungen und anderen lehrspezifischen Elementen wie Dokumenten, Literaturempfehlungen oder Internetverweisen. Generell können Kurse nur durch Tutoren angelegt werden.
Der Zugriff auf einen Kurs kann durch den Kursleiter explizit bestimmt werden. Grundsätzlich können Kurse entweder öffentlich oder registrierungspflichtig sein. Öffentliche Kurse können durch Gastnutzer eingesehen werden und benötigen keine Registrierung. Der Zugang zu registrierungspflichtigen Kursen kann hingegen nur durch registrierte Anwender angefordert werden. Aufgrund der nicht eindeutigen Identifizierung von Gästen kann der Zugang zu einem registrierungspflichtigen Kurs nicht beantragt werden. Administratoren benötigen generell keine Registrierung, um einen Kurs einsehen zu können. Ein Kurs kann nur durch den Eigner oder einen Administrator geändert bzw. gelöscht werden.

Kursoperationen erfolgen generell über eine Instanz der Klasse *Course*. Mit Hilfe der verschiedenen Methoden wird dabei auf die allgemeinen Daten in der Datenbanktabelle *Course* zugegriffen. Diese Entität dient der Speicherung der allgemeinen Informationen zur Beschreibung und eindeutigen Identifizierung eines Kurses.

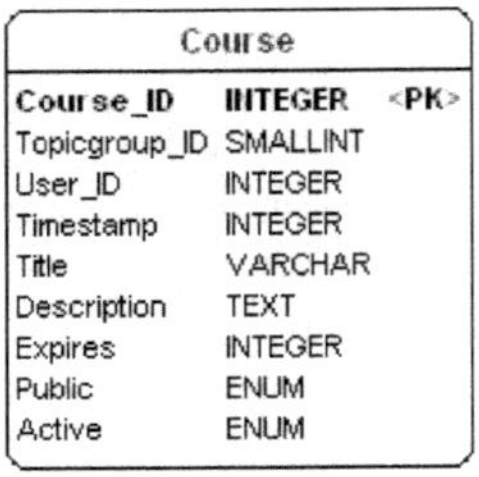

```
┌─────────────────────────────────────┐
│           Course                     │
├─────────────────────────────────────┤
│ Course_ID    INTEGER   <PK>          │
│ Topicgroup_ID SMALLINT               │
│ User_ID      INTEGER                 │
│ Timestamp    INTEGER                 │
│ Title        VARCHAR                 │
│ Description  TEXT                    │
│ Expires      INTEGER                 │
│ Public       ENUM                    │
│ Active       ENUM                    │
└─────────────────────────────────────┘
```

Abb. 24 ER-Modell: Entität *Course*

Relational wichtig sind die numerischen Attribute *Topicgroup_ID* und *User_ID*. Über *Topicgroup_ID* wird ein Kurs einem Fach- bzw. Gruppierungsbereich zugeteilt. Mit Hilfe der *User_ID* können alle Informationen des Kursanlegers aus der Benutzertabelle gewonnen werden. Das Feld *Expires* beschreibt lediglich bis zu welchem Zeitpunkt ein Kurs gültig ist. Sollte ein Kurs einer bestimmten Gültigkeitsdauer unterliegen, wird hier ein Datum im (UNIX-)Zeitstempel-Format eingetragen. Wird die Gültigkeitsdauer überschritten, folgt automatisiert eine Eintragung des logischen Werts *false* in das Attribut *Active*. Der Kurs erscheint danach nicht mehr in den Übersichten der Anwender und ist lediglich durch den Kurseigner weiterhin einsehbar. Dieser kann, je nach Bedarf den Kurs durch eine neue Gültigkeitsangabe reaktivieren oder löschen.

Anhand des nachfolgenden Aktivitätsdiagramms kann der Ablauf für die Anlegung eines Kurses eingesehen werden. Darin ist unter anderem auch ersichtlich, dass speziell für diesen Kurs ein Forum, ein Chatraum und ein Dokumentenverzeichnis angelegt bzw. bereitgestellt werden. Dabei werden über Instanzen der Klassen *Board*, *Chat* und *Document*, parametriert mit der Kursidentifikationsnummer, die für das Anlegen zuständigen Methoden aufgerufen.

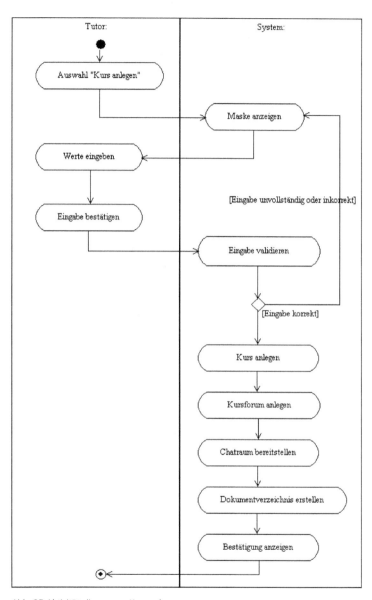

Abb. 25 Aktivitätsdiagramm: Kurs anlegen

Der bereits zu Anfang erwähnte Kurszugriff wird entweder beim Anlegen eines neuen Kurses gewählt oder kann jederzeit in den Kurseinstellungen eines existierenden Kurses geändert werden. Dabei soll die Zugriffsart über einen booleschen Wert zugewiesen werden. Ausgehend von einem registrierungspflichtigen Kurs, können unregistrierte Lernende und Tutoren eine Zugangserlaubnis durch die Auswahl des Kurses anfordern. Eine Anforderung wird als Eintrag in einer Assoziationstabelle *Course_User* vermerkt werden. *Course_User* enthält alle Teilnehmer, die für einen Kurs registriert sind. Durch den Eintrag der Kurs- und Benutzeridentifikationsnummer, kann sowohl auf Kurs- als auch auf Benutzerdaten eindeutig zugegriffen werden. Ein Attribut *Access* gibt hier an, welchen Zugangsstatus ein Anwender besitzt. Dabei kann dieses Attribut einen der zwei Zustände „0" oder „1" einnehmen.

Nach einer Registrierungsanforderung, wird *Access* auf „0" gesetzt, was so viel bedeutet, dass eine Kursregistrierung vorliegt, die allerdings noch nicht durch den Eigner bestätigt worden ist. Der Kurseigentümer erhält danach eine Systemmitteilung über die Anfrage zur Teilnahme eines Benutzers. Diese Anfrage erscheint auf der Startseite des Eigners und kann durch die Auswahl der jeweiligen Schaltfläche akzeptiert oder abgelehnt werden. Gestattet der Eigner den Zugang zum angeforderten Kurs, wird das Attribut *Access* des entsprechenden Tupels auf „1" geändert. Sollte dagegen der Zugang nicht gestattet, sprich verweigert werden, so wird das Tupel aus der Registrierungsentität entfernt.

Damit ein Kurs über mehr als nur den einen Tutor verfügen kann, wird eine weitere Assoziationstabelle benötigt. Sie soll alle Tutoren der jeweiligen Kurse durch die Identifikationsnummern der Entitäten *User* und *Course* beinhalten. Über die entsprechende Auswahl für das Hinzufügen von Tutoren (siehe Kap. 5), kann der Kurseigner andere Tutoren hinzufügen. Um eine Liste aller Tutoren eines Kurses zu erhalten, könnte dementsprechend eine Selektierung aufgrund der Kursnummer erfolgen.

4.4.6 Arbeitsgruppen

Arbeitsgruppen dienen der Zusammenarbeit mehrer Teilnehmer untereinander. Sie können abgesehen von Gastnutzern, unabhängig ihrer Benutzergruppe angelegt werden. Inhaltlich ist eine Arbeitsgruppe identisch zu einem Kurs, außer dass in einer Arbeitsgruppe weder Seminare noch Übungen angelegt werden können und dass eine Arbeitsgruppe nicht über ein Glossar verfügt. Darüber hinaus können Arbeitsgruppenmitglieder eigene Dokumente ablegen und Buchempfehlungen oder Internetverweise publizieren. Nur der erweiterte Funktionsumfang der Moderatoren ermöglicht das Anlegen von Mitteilungen oder das Ändern und Löschen von Forenbeiträgen, Dokumenten, Buchempfehlungen und Internetverweisen innerhalb einer Arbeitsgruppe. Wie auch bei den Kursen, kann der Zugriff durch den Eigner bestimmt werden.

Alle Funktionalitäten der Arbeitsgruppen werden generell über eine Klasse *Workgroup* bereitgestellt. Persistente Datenbasis ist, wie auch bei den Kursen, das relationale Datenbank-system. Hier soll für Arbeitsgruppen eine Entität *Workgroup* definiert werden. Ebenfalls identisch zu einem Kurs, existieren für die Arbeitsgruppen zwei assoziative Entitäten *Workgroup_User* und *Workgroup_Moderator* (vgl. 4.3.4). Sie ermöglichen, dass einerseits eine Arbeitsgruppe durch mehrere Moderatoren geleitet werden kann, andererseits weisen sie registrierungspflichtigen Arbeitsgruppen die jeweiligen Teilnehmer zu.

4.4.7 Seminare

Seminare dienen der Publizierung von multimedialen Inhalten in Form von HTML Seiten. Mit Hilfe des Werkzeugs htmlArea[43] wird dem Autor dabei ein webbasierter WYSIWYG-Editor zur Verfügung gestellt. Die ausgewogene Funktionsbreite erlaubt eine relativ einfache und schnelle Entwicklung von HTML-Seiten mit Einbindung von Grafiken, Animationen, Tabellen und der Bearbeitung in diversen Textformaten. Ziel der Seminare ist die Bereitstellung von lehrspezifischen Inhalten in tutorieller Form, wie sie auch im Internet anzufinden sind.

Der Bereitstellungsablauf ähnelt dabei der Publizierung in einem Content-Management-System. Zuerst müssen zur Identifizierung eines Seminars nötige Beschreibungen wie beispielsweise Titel oder Seminarbeschreibung angegeben werden. Nach Bestätigung der Eingabe werden diese Daten zwischengespeichert und der Editor zur Erstellung der ersten Seminarseite aufgerufen. Allgemein werden Seminarseiten in Quellcodeform in der Datenbank gespeichert. Alle zu einem Seminar gehörenden Seiten werden später zu einer Art Webseitenkatalog zusammengestellt. Ein entsprechendes Attribut der Seminarseite gibt dabei die jeweilige Seitennummer an, so dass zu einem späteren Verlauf das Seminar indexiert werden kann. Um einzelne Seiten hinzufügen oder entfernen zu können, müssen die Seitennummern über eine entsprechende Methode der Seminarklasse neu indexiert werden. Das heißt, dass durch ein Entfernen einer Seite alle nachfolgenden Seitennummern um einen Wert dekrementiert werden müssen. Ähnlich funktioniert dies für das Hinzufügen von Seiten. Hier wird dementsprechend die Seitenzahl der nachfolgenden Seiten (wenn vorhanden) inkrementiert.

Damit gleichzeitig mehrere Seiten angelegt werden können, muss die Speicherung der einzelnen Seiten in einer Art „Schleifenfunktion" erfolgen. Dabei wird nach der Erstellung einer Seite eine Bestätigungsauswahl angezeigt, anhand derer er entscheiden kann, ob eine weitere Seite angelegt oder die Eingabe beendet werden soll. Je nach Wahl, erfolgt dann ein Aufruf des für die Editordarstellung zuständigen Views.

---

[43] vgl. 4.1.8 - htmlArea

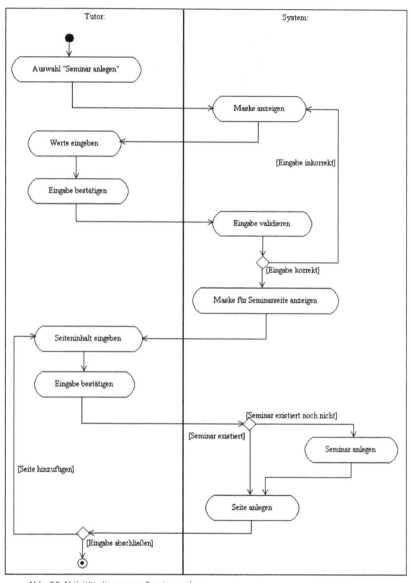

Abb. 26 Aktivitätsdiagramm: Seminar anlegen

Die vorherige Abbildung eines Aktivitätsdiagramms zeigt den gesamten Ablauf einer Seminarbereitstellung. Daraus ist ersichtlich, dass grundsätzlich das Seminar erst angelegt wird, wenn zumindest eine Seite erstellt worden ist. Dies soll verhindern, dass seitenlose Seminare angelegt werden können und dass noch bei der Erstellung der ersten Seminarseite die Möglichkeit gegeben ist, den gesamten Vorgang abzubrechen.

Über eine zusätzliche Import-Funktion können einzelne Seiten innerhalb der Seitenerstellung direkt eingefügt werden. Die Funktion erlaubt das Einfügen von unterschiedlichen Text- bzw. HTML-Dateiformaten. So können bereits erstellte Vorlagen leicht eingebunden werden. Technisch gesehen, wird in einer Methode der Klasse Seminar die zu importierende Datei geöffnet und Zeile für Zeile eingelesen. Die eingelesenen Daten werden dann in das für die Seminarseiten vorgesehene Datenbankfeld eingetragen.

Mit Hilfe einer Export-Funktion können einmal publizierte Seminare in gepackter Form lokal gespeichert werden. Dabei werden die einzelnen Seiten des Seminars als HTML-Dokumente generiert und einer speziellen Kompressionsklasse[44] übergeben. Die Klasse komprimiert die Dateien als ZIP-Dokument und gibt sie an den Anwender bzw. dessen Browser zurück.

4.4.8 Übungen und Übungstypen

Übungen ermöglichen Kursteilnehmern ihr erlerntes oder vorhandenes Wissen zu testen und zu festigen. Aktuell können Tutoren aus bis zu fünf unterschiedlichen Übungstypen wählen. Allgemein wird bei den Übungen zwischen *multiplen* und *einseitigen* Übungstypen unterschieden. *Multiple* Typen sind Übungen die mehrere Aufgabenstellungen beinhalten können (Vokabeln im Vokabeltest, Fragestellungen bei Multiple-Choice oder Quiz, etc.). Dementsprechend sollen Übungen, die nur eine Aufgabenstellung beinhalten können (Aufgaben mit offenem Ende, Lückentext, etc.) als *einseitige* Übungstypen definiert werden. Bei Multiple-Choice- und Quizübungen kann es sich je nach Festlegung nicht nur um multiple, sondern auch um *multivalente* Aufgabentypen handeln. Das bedeutet, dass bei diesen Übungstypen durchaus mehrere Antworten richtig sein können. Bei der Realisierung soll aus Zeitgründen nur eine richtige Antwort möglich sein.

Typunabhängige Methoden, wie beispielsweise das Anlegen oder Modifizieren von Übungen, sollen über eine Instanz einer Übungsklasse *Exercise* abgefasst werden. Für jeden Übungstyp wird eine eigene Klasse aus der übergeordneten Übungsklasse abgeleitet (vgl. Kapitel 3). Damit kann gezielt eine Auslagerung typsignifikanter Methoden in die jeweilige Unterklasse erfolgen.

---

[44] TAR/GZIP/BZIP2/ZIP Archive Classes 2.0 - (c) 2004 Devin Doucette [L-PHP-Classes]

Dies wiederum vereinfacht die Skalierbarkeit durch weitere Übungstypen und trennt sie systematisch von der allgemeinen Klasse.

Unabhängig vom Übungstyp, wird eine Übung immer zuerst global über eine entsprechende Maske definiert. Das Anlegen entspricht dem Aktivitätsdiagramm in Abb. 27. Nachfolgende Diagramme gehen immer von dem Endzustand dieses Diagramms aus. Generell wird eine Übung erst dann angelegt, sobald die Eingabe der ersten Aufgabe bestätigt worden ist. Dadurch kann eine Art Callback-Funktion simuliert werden, die es erlaubt, die Bereitstellung einer Übung abzubrechen und inhaltslose Übungen zu verhindern.

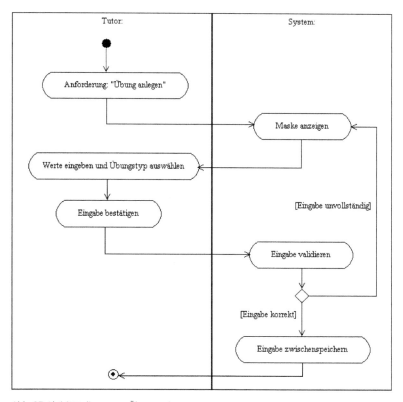

Abb. 27 Aktivitätsdiagramm: Übung anlegen

Für die Realisierung der multiplen Übungstypen muss für die Bereitstellung eine Schleife vorgesehen werden, da diese Übungen durchaus mehrere unterschiedliche Fragen- bzw. Aufgabenstellungen beinhalten können. Bei einseitigen Aufgaben soll eine Übung nicht weiter unterteilbar sein, so dass mit einer Übung genau eine Aufgabenstellung mit offenem Ende oder genau eine Lückentextaufgabe erstellt werden kann.

Nachfolgend sollen die entwickelten Übungstypen detailliert beschrieben werden.

Aufgaben mit offenem Ende

Dieser Aufgabentyp soll Übungen mit einer möglichst individuellen Lösung realisieren. Inhaltlich wird dabei eine Aufgaben- oder Fragestellung angegeben, die durch den Lernenden in Form einer subjektiven Lösung bzw. Antwort durchgeführt wird. Grundsätzlich können Übungen dieses Typs nicht automatisiert überprüft werden und benötigen dementsprechend eine Evaluierung durch den Tutor.

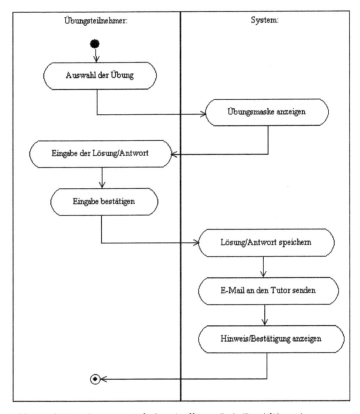

Abb. 28 Aktivitätsdiagramm: Aufgabe mit offenem Ende (Durchführung)

Ausgehend von einer absolvierten Prüfung, wird ein Übungsvorgang auf der persönlichen Startseite des Tutors kenntlich gemacht. Darüber hinaus soll er per E-Mail über den offenen Vorgang informiert werden. Der Tutor soll Einsicht in die durchgeführte Übung mit der Lösung des Lernenden erhalten und diese nach Bedarf kommentieren und selbstverständlich über eine prozentuale Punktzahl bewerten können. Nach abschließender Bewertung und Kommentierung wird eine Mitteilung über eine Instanz der Klasse *Message* an den Lernenden gesendet. So erhält der Lernende Rückmeldung über seine Übungsdurchführung. Zur Verdeutlichung soll das folgende Aktivitätsdiagramm dienen:

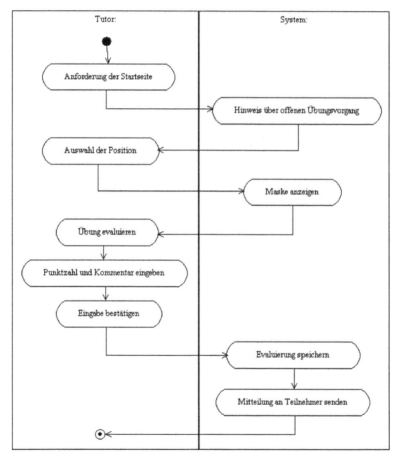

Abb. 29 Aktivitätsdiagramm: Aufgabe mit offenem Ende (Evaluierung)

Lückentext

Mit Hilfe von Lückentextaufgaben können Wörter oder Satzelemente in textlichem Zusammenhang überprüft werden. Ein mögliches Szenario wäre beispielsweise die Abfrage von Vokabeln, Quellcode-Vervollständigungen oder zur Erweiterung grammatikalischer Fähigkeiten. Ein Vorteil der Lückentextübung ist, dass sie bei einzelnen Wörtern oder bei kurzen Wortbildungen automatisiert überprüft werden kann. Da jedoch „wortwörtlich" zwischen Eingabe und Lösung überprüft wird, sollten längere und individuell richtige Eingaben mit einem manuell zu evaluierenden Übungstypen durchgeführt werden.

Aus Sicht des Tutors erfolgt das Anlegen eines Lückentextes durch die Eingabe eines beliebigen Textes. Mit Hilfe von Markierungselementen werden innerhalb des Textes die Satzteile oder Wörter gekennzeichnet, an denen später ein Eingabefeld, sprich eine Lücke erscheinen soll. Dabei ist es möglich, Lücken an jeder beliebigen Stelle des Textes einzubauen. Generell werden Lücken zur Eingrenzung durch ein öffnendes und ein schließendes Element gekennzeichnet. Beide Elemente besitzen eine spezielle Syntax, die es erlaubt, die markierten Bereiche bei der Ausgabe zu filtern. Um durch die Filterfunktion erkannt zu werden, muss eine Lücke in der Form `[gap]Beispiel[/gap]` definiert werden. Der gesamte Lückentext inklusive der Markierungselemente wird bei der Fertigstellung durch den Tutor in ein Datenbankattribut eingetragen. Derweil werden alle Lösungen mit Hilfe von Separatoren in einem zusätzlichen Attribut der übungsspezifischen Datenbanktabelle abgelegt.

Bei der Durchführung der Übung wird der Text aus der Datenbank gelesen und der Filterfunktion übergeben. Sie ersetzt alle durch den Tutor markierten Satzteile und Wörter durch HTML-Formulareingabefelder. Dabei werden mit Hilfe eines regulären Ausdrucks (regular expression) alle Vorkommnisse der Markierungselemente und deren eingeschlossene Inhalte durch den HTML-Quelltext für ein Formulareingabefeld mit fester Länge ersetzt und zur Ausgabe als String zurückgegeben.

Die Durchführung erfolgt, indem der Lernende seine Eingaben in die Felder einträgt und bestätigt. Durch die Bestätigung werden die Eingaben, wie auch die Lösungen bei der Bereitstellung, getrennt durch ein spezielles Zeichen in einer benutzerspezifischen Entität gespeichert. Mit Hilfe der PHP-Funktion `preg_split` werden Eingaben und Lösungen über die Separatoren in Arrayelemente abgelegt. Danach werden beide Arrayinhalte miteinander verglichen. Der automatisierte Evaluierungsvergleich erfolgt hier grundsätzlich unabhängig von Groß/Klein-Schreibung. Alle Tutorvorgaben und Teilnehmereingaben werden dabei über eine eingebaute PHP-Funktion in Kleinbuchstaben umgewandelt.

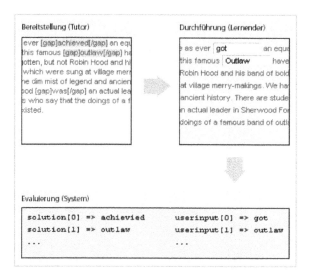

Abb. 30 Schematischer Ablauf einer Lückentextübung

Die obige Abbildung zeigt den schematischen Ablauf einer Lückentextübung, ausgehend von der Bereitstellung, über die Durchführung, bis hin zur automatisierten Evaluierung des Systems.

Ein Zähler ermittelt bei der Evaluierung die Anzahl richtiger Eingaben. Das Resultat wird durch eine Division der Gesamtzahl der vorhandenen Lücken mit dem Wert des Zählers berechnet. Multipliziert wird das Resultat mit 100, um ein prozentuales Ergebnis zu erhalten und dieses über die vorgesehene Methode als Resultat in der Datenbank abzulegen.

Vokabular

Vokabularübungen dienen der Überprüfung und Verbesserung der Vokabularkenntnis eines Lernenden. Dabei werden auch hier, identisch zu den Lückentextübungen, Benutzereingabe und Lösung miteinander verglichen.

Das Anlegen einer Vokabelübung erfolgt durch Angabe der möglichen Vokabeln für eine Übungsseite. Es wird festgelegt, dass maximal 99 Vokabeln pro Übungsseite angelegt werden können (was normalerweise mehr als ausreichend sein sollte). Nach Bestätigung der Eingabe wird mit Hilfe einer JavaScript-Funktion zweispaltig die Anzahl der Eingabefelder untereinander angezeigt. Dabei sind die abzufragenden Vokabelvorgaben in die linke Spalte und die Lösungen in die rechte Spalte durch den Tutor einzutragen.

73

Nachdem der Tutor die Eingabe bestätigt hat, werden alle Eingaben mit Separatoren getrennt in der für diesen Übungstyp vorhandenen Datenbanktabelle hinterlegt. Beim Fortgang der Übung durch den Lernenden werden die Vorgaben innerhalb einer Methode ausgelesen und in ein Array gespeichert (vgl. Lückentexte). Dem Lernenden wird anschließend eine zweispaltige Maske angezeigt, wobei links die Vorgaben und rechts die entsprechenden Eingabefelder untereinander gelistet sind. Nach Durchführung, sprich Eingabe der benutzerspezifischen Lösungen, werden auch hier mit Hilfe von zwei Arrays Eingaben und Lösungen miteinander verglichen.

Wie bei den anderen automatisierten Ergebnisprüfungen, wird auch hier eine Zählervariable zur Kalkulation der richtigen Eingaben verwendet. Dementsprechend erfolgt die Berechnung eines prozentualen Resultats mit der Anzahl möglicher Eingaben, dividiert durch den Zählerstand, multipliziert mit 100. Das Ergebnis wird dementsprechend als Resultat mit Bezug auf den Teilnehmer in der Datenbank gespeichert.

Multiple-Choice

Die sogenannten Mehrfachwahlaufgaben gehören wohl zu den am häufigsten eingesetzten Übungstypen in computerunterstützten Lernumgebungen. Inhaltlich wird dabei eine Frage- oder Aufgabenstellung und eine Auswahl möglicher Antworten angegeben. Hier können pro Fragestellung mindestens zwei, höchstens fünf mögliche Antworten vorgegeben werden. Für die Frage bzw. Aufgabe und Antworten stehen jeweils (Formular-)Textfelder zur Verfügung. Für die Prototyprealisierung soll höchstens eine richtige Antwort festgelegt werden dürfen. Die richtige Antwort wird dabei über einen Optionsschalter neben dem Antwortfeld ausgewählt.

Da es sich hier um einen multiplen Übungstyp handelt, muss mit Hilfe einer „Schleife" die Eingabe mehrerer Teilaufgaben möglich sein. Wie aus dem Aktivitätsdiagramm in Abbildung 31 ersichtlich, ist eine Realisierung weit komplexer als bei einseitige Übungstypen. Demnach wird der Tutor nach der Eingabe einer Aufgabe gefragt, ob eine weitere Aufgabe angelegt oder die Eingabe der Übung beendet werden soll. Dieser Vorgang wird so oft wiederholt, bis der Tutor die Eingabe der Übung explizit beendet.

Das Aktivitätsdiagramm zeigt weiterhin, ausgehend von dem eigentlichen Anlegen der Übung, dass zuerst die Anzahl der möglichen Antworten angegeben werden muss. Hier legt der Autor fest, wie viele Antworten für diese Aufgabe vorgegeben werden sollen. Nach Auswahl stehen neben dem eigentlichen Aufgabenfeld, je nach vorheriger Angabe zwei bis fünf Antwortfelder zur Verfügung. Nach Eingabe und Bestätigung des Aufgabeninhalts werden die übermittelten Daten auf Vollständigkeit und Anwahl der richtigen Antwort hin überprüft und gespeichert. Sollten die übermittelten Daten unvollständig oder inkorrekt sein, wird eine Fehlermeldung ausgegeben und erneut die Aufgabenmaske mit den vorliegenden Eingaben aufgerufen. Dabei wird eine Übung erst gespeichert, wenn die Eingabe der ersten Aufgabe korrekt und vollständig ist. Dadurch kann noch bei der Bereitstellung die Eingabe abgebrochen werden und keine leere Übung entstehen.

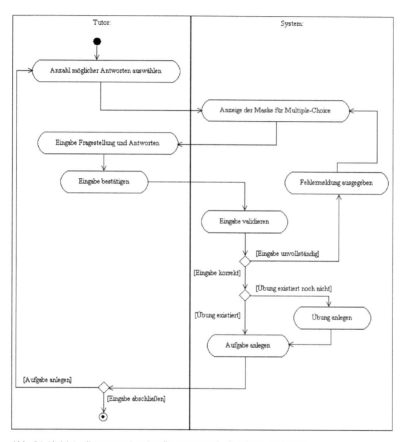

Abb. 31 Aktivitätsdiagramm: Bereitstellung von Multiple-Choice-Aufgaben

Nach der Eingabebestätigung wird durch den Aufruf des Bestätigungs-*Views* nachgefragt, ob im Anschluss eine weitere Aufgabe zu dieser Übung erstellt werden soll. Eine Bestätigung weist den *View* an, erneut zur Aufgabenmaske zurückzukehren. Ein Ablehnen schließt die Übungseingabe und fordert den *View* zur Wiederkehr der Kursübersicht auf.

Die Evaluierung von Multiple-Choice-Aufgaben erfolgt grundsätzlich durch das System. Da mit der Auswahl einer richtigen Antwort bereits die Lösung der Aufgabe vorliegt, muss diese lediglich mit der Wahl des Lernenden verglichen werden. Dabei wird jedem Antwortfeld ein numerischer Wert zugewiesen. Sowohl bei der Bereitstellung durch den Tutor, als auch bei der Auswahl des Lernenden, liegt bei der Auswahl des Antwortfeldes dieser numerische Wert im System vor. Beide Werte werden bei der Evaluierung miteinander verglichen. Die Übereinkunft inkrementiert dabei einen lokalen Zähler. Die Gesamtanzahl der richtigen Lösungen dividiert mit dem Zählerwert, multipliziert mit 100, liefert das prozentuale Ergebnis der Durchführung. Dieser Wert wird mit Bezug auf die Teilnehmeridentifikationsnummer des Durchführenden in der Datenbank abgelegt.

Richtig oder Falsch

„Richtig oder Falsch"-Übungen sind typverwandt mit den Multiple-Choice-Übungen. Allgemein kann man sagen, dass es sich hier um eine vereinfachte Form einer Multiple-Choice-Übung handelt. Inhaltlich werden anstatt von Fragen- bzw. Aufgabenstellungen, Aussagen angegeben. Diese Aussagen gilt es, aus Sicht der Lernenden mit Richtig oder Falsch zu bewerten. Bei der Erstellung gibt der Tutor neben einer Aussage in einem vorgesehenen Textfeld, die Angabe auf Richtigkeit an. Der Lernende kann bei der Durchführung durch Anwahl der entsprechenden Optionsschalter die Aussagen mit „Richtig" oder „Falsch" bewerten. Nicht angegebene Bewertungen gelten automatisch als fehlend und damit als „Falsch". Wie bei den Multiple-Choice-Übungen kann auch hier eine automatisierte Evaluierung der Aufgaben erfolgen. Die Bereitstellung von „Richtig oder Falsch"-Übungen entspricht der der Multiple-Choice-Übungen und kann aus dem Aktivitätsdiagramm in Abb. 31 entnommen werden.

4.4.9 Dokumentverzeichnis

Um verschiedene Dokumente ablegen und veröffentlichen zu können, existiert in Kursen und Arbeitsgruppen ein Dokumentverzeichnis. Abhängig vom Öffentlichkeitsstatus, können Anwender das Verzeichnis einsehen und die darin liegenden Dokumente herunterladen.

Innerhalb der Kurse dürfen nur Tutoren Dokumente in das Verzeichnis ablegen oder aus dem Verzeichnis löschen. Hingegen sollen in Arbeitsgruppen Dokumente grundsätzlich von jedem Teilnehmer hinterlegt werden können. Lediglich das Entfernen soll nur durch Moderatoren möglich sein.

Allgemein können Dokumente über eine Maske „Datei hinzufügen" geladen werden. Für das Hochladen von Daten ist neben der Auswahl der Datei auch die Angabe eines Dokumentnamens und einer Beschreibung erforderlich. Die übermittelten Daten werden, wie bei allen Formularmasken, mit Pflichtfeldern über den *Validator* auf Gültigkeit geprüft. Bei der Validierung wird neben der Eingabe auch die Größe der ausgewählten Datei kontrolliert. Eine Datei darf aufgrund der Speicherplatzeinnahme und vor allem zur Vermeidung eines „Time-Outs"[45] beim Übertragungsprozess, nicht größer als 6,0 MB sein.

Infolge der durch den Anwender ausgelösten Formularbestätigung werden die Daten an den Server übertragen. Dieser speichert den Anhang in einem Temporärverzeichnis ab. Der Ort der temporären Datenhaltung ist dabei abhängig von der Konfiguration des Webservers bzw. der PHP-Version. Der Datenzugriff erfolgt über eine spezielle (Framework-)Aktion. Dabei werden die zuvor angegebenen Werte des Formulars inklusive der Anhangdaten in einer Methode weiterverarbeitet. Über eine PHP-Variable greift die Funktion auf die verfügbaren Dateiinformationen wie Temporärspeicherort, Dateigröße, Dateiformat und Dateiname zu. Mit Hilfe des PHP-Befehls `move_uploaded_file`, wird die Datei aus dem bereits bekannten temporären Verzeichnis in den entsprechenden Dokumentpfad der Plattform übertragen.

Dadurch, dass bei der Anlage eines Kurses oder einer Arbeitsgruppe automatisiert ein neues Verzeichnis im Dokumentpfad erstellt wird, kann die Datei über die Kurs- bzw. Arbeitsgruppenidentifikationsnummer direkt in das entsprechende Verzeichnis „geschoben" werden. Zeitgleich wird in die Entität *Document* ein neues Tupel mit den Dateiinformationen eingefügt. Die Eintragung wie beispielsweise Titel und Beschreibung, ermöglicht eine schnellere Dokumentsuche. Hinzu kommt, dass bei der Einsicht des Dokumentenverzeichnisses durch einen oder mehrere Anwender, nicht über das Verzeichnis eine Liste der Dokumente bereitgestellt, sondern über die weniger belastende Datenbank generiert wird.

---

[45] Time-Out – *hier:* Zeitlicher Abbruch der Client/Server-Verbindung nach 30 Sekunden

4.4.10 Literaturempfehlungen

Dieser Kurs- und Arbeitsgruppenbereich soll die Bereitstellung themenverwandter Literatur-angaben ermöglichen. Empfehlungen werden über die Eingabe eines Titels, einer kurzen Beschreibung und der optionalen ISBN-Nummer angelegt.

Generell werden alle Funktionalitäten in der Klasse *Recommendation* verwaltet. Sie enthält die Methoden zum Anlegen, Ändern, Löschen und Auflisten von Empfehlungen. Alle Empfehlungen werden in einer namensgleichen Datenbankentität gespeichert und über die Assoziationstabellen *Course_Recommendation* und *WG_Recommendation* zugeteilt. Deshalb ist der Aufruf der einzelnen Methoden mit der entsprechenden Identifikationsnummer nötig.

Die Angabe der ISBN-Nummer ermöglicht die Verlinkung mit einem beliebigen Onlinedienst. Durch die Anwahl dieser Nummer können Teilnehmer detaillierte Informationen über die Empfehlung erhalten.

4.4.11 Internetverweise

Über die Literaturempfehlungen hinaus besitzen Kurse und Arbeitsgruppen ein Linkverzeichnis zur Publizierung themenbezogener Internetverweise. Die Anlage neuer Verweise wird durch Eingabe des Namens und der eigentlichen URL [46] vollzogen. Optional kann ein kurzer Kommentar angegeben werden.

Die Funktionalität des Verzeichnisses wird durch Methoden der Klasse *Link* gewährleistet. Identisch zu den Literaturempfehlungen erfolgt ein Methodenaufruf grundsätzlich durch Angabe der entsprechenden Identifikationsnummer. Alle Verweise werden in einer namens-gleichen Datenbankentität *Link* abgelegt. Wie bei anderen Modulen auch, erfolgt eine Zuteilung über Assoziationstabellen. Kursverweise werden in der Entität *Course_Link* und Arbeitsgruppenverweise in *WG_Link* verwaltet.

4.4.12 Glossar

Als Nachschlagewerk verschiedener kursrelevanter Begriffe soll ein Kursglossar dienen. Durch die Angabe eines Glossarworts oder einer Abkürzung und der dazugehörigen Erklärung können neue Einträge verfasst werden.

Für das Glossar wurde ebenfalls eine eigene Klasse namens *Glossary* definiert. Auch sie verfügt über die notwendigen Methoden zur Behandlung von Einträgen. Alle Einträge werden in einer namensgleichen Datenbankentität mit Angabe der Kursidentifikationsnummer persistent abgelegt.

---

[46] URL – Uniform Resource Locator - Eine Adresse für eine über das Internet erreichbare Datei.

4.4.13 Adressbuch

Das Adressbuch besitzt auf Grund der Kontaktübersicht eine wesentliche Rolle für die kommunikativen Funktionen. Kontakte können durch jeden registrierten Anwender in das Adressbuch eingetragen werden.

Technische Funktionen wie das Anlegen und Löschen von Kontakten werden über Methoden der Klasse *Addressbook* realisiert. Durch Angabe der numerischer Benutzeridentifikations-nummern, nämlich die des Adressbucheigentümers und die der Kontaktperson, werden alle Kontakte in der Datenbankentität *Addressbook* abgelegt. Da über die Identifikationsnummer auf die Benutzerentität zugegriffen werden kann, lässt sich anzeigen, ob eine Kontaktperson gerade angemeldet ist oder wann sie das letzte Mal angemeldet war. Über die Verlinkung des Benutzernamens kann aus dem Adressbuch hinaus eine Mitteilung an die Person versendet werden. Hier kann im weiteren Verlauf der Entwicklung eine zusätzliche „Live-Kontakt"-Funktion implementiert werden, die es erlaubt, direkt aus dem Adressbuch die Kontaktperson anzusprechen. Grundsätzlich können bereits eingetragene Kontakte nicht dupliziert werden. Sollte der Anwender irrtümlicherweise versuchen, einen Kontakt erneut in das Adressbuch aufzunehmen, erhält er einen Hinweis über den schon existierenden Kontakt.

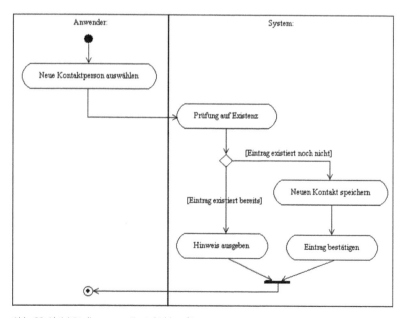

Abb. 32 Aktivitätsdiagramm: Kontakt hinzufügen

4.4.14 Kommunikation und Community

Aktive und inaktive Kommunikationsfunktionen sind bei der Nutzung einer Lernumgebung von essentieller Bedeutung. Eine aktive Kommunikation erfordert eine gleichzeitige Anwesenheit zweier oder mehrerer Kommunikationsteilnehmer. Man spricht hier von einem synchronen Informationsaustausch. Dagegen handelt es sich bei einer inaktiven Kommunikation um einen asynchroner Austausch zwischen zwei oder mehr Teilnehmern. Der Vorteil der inaktiven Kommunikation ist, dass er zeitlich ungebundenen erfolgen kann. Wie aus den Anforderungen ersichtlich, soll das System über einen eigenen Forenbereich verfügen. Ergänzt wurde die Kommunikation durch das Mitteilungssystem und eine Chatmöglichkeit (vgl. Kapitel 3).

Mitteilungen

Das Mitteilungssystem ähnelt einer einfachen Umsetzung der inaktiven Kommunikation wie es beispielsweise auch beim E-Mail-Verkehr der Fall ist. Der wesentliche Unterschied besteht darin, dass Mitteilungen nur innerhalb der Lernplattform versendet und empfangen werden können. Um erhaltenen Mitteilungen einsehen zu können, muss jeder registrierte Benutzer ein eigenes Postfach besitzen. Gastnutzer haben aufgrund der generierten Benutzeridentifikationsnummer keine Möglichkeit, Mitteilungen zu senden oder von anderen Anwendern zu erhalten.

Generell besteht eine Versandmöglichkeit durch die Anwahl eines Benutzernamens oder den direkten Aufruf der entsprechenden Maske über die Navigation. Die Eingabe eines Betreffs und des eigentlichen Mitteilungstexts sind Pflicht und werden dementsprechend vor dem Versand der Mitteilung überprüft. Durch die Nutzung einer HTML-Formularliste ist es möglich, multiple Empfänger anzugeben. Mit Hilfe des Adressbuchs werden dabei alle Kontakte in der Liste abgebildet. Die Empfänger können dementsprechend durch eine Selektierung der einzelnen Kontakte angegeben werden und als Array der zuständigen *Action* übergeben werden.

Sind alle Eingaben vollständig und korrekt, wird die Mitteilung versendet. Dabei werden alle Mitteilungen in der Datenbankentität *Message* gespeichert. Für jede Mitteilung wird hier ein Tupel mit einer laufenden Mitteilungsnummer, der Identifikationsnummern des Senders und des Empfängers, Betreff, Inhalt, sowie mit dem Bereitstellungsdatum im (UNIX-)Zeitstempelformat angelegt. Eindeutig identifiziert wird eine Mitteilung immer über ihre Mitteilungsnummer. Sie wird beispielsweise bei der Einsicht oder beim Löschen vorliegender Mitteilungen benötigt. Sender- und Empfängeridentifikation assoziieren eindeutig, wer die Mitteilung gesendet hat und wer sie empfangen soll.

Zur Verdeutlichung sollen nicht gelesene Mitteilungen durch Fettdruck des Betreffs dargestellt werden. Hierfür wird ein logisches Attribut „Readed" auf wahr oder unwahr gesetzt. Durch den Lesezugriff wird dementsprechend dieser logische Inhalt invertiert und damit die Mitteilung als gelesen markiert.

Nachfolgend soll der Versand einer Mitteilung durch ein Aktivitätsdiagramm dargestellt werden. Dabei wird ausgegangen, dass der Sender zuvor einen Benutzernamen angewählt hat.

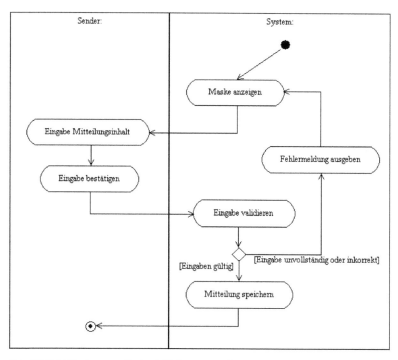

Abb. 33 Aktivitätsdiagramm für den Mitteilungsversand

Diskussionsforen

Innerhalb der Lernplattform ermöglichen Diskussionsforen eine weitere asynchrone Kommunikation. Die Nutzung von Foren für den informativen Austausch zwischen Benutzern gilt im Internet als sehr populär. Auf verschiedenen Seiten lassen sich gut umgesetzte Foren finden. Bei einigen handelt es sich um OpenSource-Software, bei anderen um kommerzielle Lösungen. Die meisten OpenSource Lösungen schließen entweder die kommerzielle Weiterverwendung aus oder besitzen einen zu großen Funktionsumfang und sind eher als eigenständige Applikation zu sehen. Einer der Hauptgründe für die Realisierung eines eigenen Forums ist, dass eine bessere Einbindung und Anpassung als Modul innerhalb des Lernsystems erfolgen kann.

Wie bereits aus der Architektur in Kapitel 3 ersichtlich, lässt sich ein Diskussionsforum grundsätzlich schematisch wie folgt unterteilen:

Forenbereiche können über mehrere Foren verfügen. Darüber hinaus können Foren unterschiedliche Themen beinhalten, die wiederum Beiträge der Benutzer enthalten.

Abb. 34 Ebenendarstellung des Diskussionsforums

Dabei wird zwischen öffentlichen und privaten Foren unterschieden. Gastnutzer können hier öffentliche Foren betreten, Beiträge anderer Benutzer lesen und eigene Beiträge publizieren. Die Einsicht und das Erstellen von Beiträgen innerhalb privater Foren ist hingegen nur von registrierten Anwendern möglich. Innerhalb des realisierten Systems werden Foren in allgemeine, Kurs-, Gruppen- und Tutorenforen unterteilt, wobei Tutorenforen nur für Administratoren und Tutoren nutzbar sind. Alle anderen Nutzer besitzen keine sichtbare Kenntnis über die Existenz dieser Foren, denn sie werden in deren Bereichsübersicht nicht angezeigt. Ein Administrator hat grundlegend Einblick in alle Foren und besitzt globale Rechte, um Forenbereiche, Foren, Themen und Beiträge zu administrieren.

Aus technischer Sicht bedeutet das Entfernen eines Forums oder eines Themas, dass auch alle zugehörigen Beiträge gelöscht werden. Sollte ein Administrator einen ganzen Forenbereich löschen, werden somit auch alle diesem Bereich zugehörigen Foren, Themen und Beiträge entfernt. Gleiches gilt selbstverständlich, wenn ein Kurs, eine Arbeitsgruppe oder ein Themenbereich entfernt wird.

Durch Anlegen eines neuen Kurses oder einer neuen Arbeitsgruppe, wird automatisch ein zugehöriges Forum mit gleichen Namen erstellt. Abhängig vom Fachbereich, wird dieses Forum dem jeweiligen Forenbereich zugeteilt. Hier besitzen Kurseigner und Moderatoren erweiterte Rechte.

Zuständig für die Funktionalität des Forenbereichs und seiner Unterteilungen sind die Klassen *Boardcategory*, *Board*, *Thread* und *Post* (vgl. 3.4). Die Datenhaltung des gesamten Forenbereichs wird mit Hilfe von vier Entitäten des relationalen Datenbanksystems realisiert. Dabei werden Forenbereiche, Foren, Themen und Beiträge jeweils auf einer Entität abgebildet.

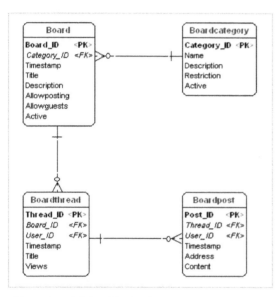

Abb. 35 ER-Modell der Diskussionsforen

Wie aus dem Klassendiagramm aus 3.4 und dem vorliegenden ER-Diagramm zu erkennen ist, werden Beiträge den Themen, Themen den Foren und Foren den Forenbereichen zugeordnet. Die Beziehungen untereinander verdeutlichen, dass das Entfernen eines Themen- oder Forenbereichs konsequenterweise auch alle nachfolgenden Elemente beeinflussen muss.

Chat

Ein Chat ermöglicht im Gegensatz zu den genannten Kommunikationsmethoden eine aktive, sprich synchrone Kommunikation. Der Chatbereich eignet sich hervorragend für direkte Diskussionen und einen Informations-, sowie Meinungsaustausch zwischen mehreren Anwendern. Das Prototypsystem bietet eine Unterteilung in öffentliche, kurs- und gruppeninterne Chaträume. Ist für einen Bereich eine Registrierung erforderlich, können dementsprechend nur registrierte Teilnehmer die Chatmöglichkeiten nutzen. Öffentliche Chaträume sollen hingegen für alle Benutzergruppen zugänglich sein.

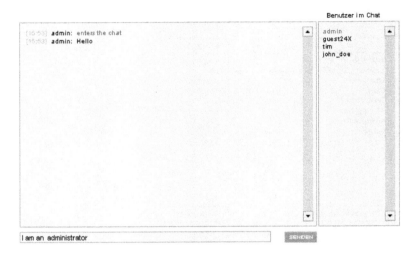

Abb. 36 Darstellung eines Chatraums

Der Aufbau eines Chatraums ist relativ einfach strukturiert. Das linke Feld zeigt alle Mitteilungen an, auf der rechten Seite werden alle anwesenden Chatnutzer gelistet. Das untere Feld dient der Beitragseingabe.

Die Chaträume wurden mit Hilfe von Macromedia Flash® entwickelt. Flash® bietet, im Gegensatz zu HTML-Techniken, einen relevanten Vorteil: Um eine Art Echtzeit zu simulieren, müssen innerhalb eines bestimmten Zyklus die Chatmitteilungen abgefragt und präsentiert werden. Eine Realisierung in HTML erfordert hingegen das Neuladen der entsprechenden Seite, um die Mitteilungen anzeigen zu können. Abhängig von der Datenmenge, von der Internetverbindung und von dem gewünschten Aktualisierungsrhythmus, kann es hier zu einem kurzen Flimmern oder Flackern kommen. Da es sich bei Flash®-Dokumenten um zeitpunktorientierte Filme („Movie-Clips") handelt, kann die Datenabfrage innerhalb einer

Schleife realisiert werden. Das bedeutet, dass je nach gewünschter Zykluszeit zwar eine minimale Verzögerung entsteht, jedoch bereits vorhanden Daten bis zur Bereitstellung der neuen Daten ersichtlich bleiben. Dabei werden neue Mitteilungen an die im Textfeld bestehenden Mitteilungen angehängt. Damit wird vermieden, dass der Inhalt immer vollständig ersetzt wird.

Das Chatsystem kommuniziert über externe PHP-Dateien mit dem Datenbanksystem. Innerhalb dieser Dateien werden neu verfasste Mitteilungen eingetragen und aktuelle Chatmitteilungen ausgelesen und zurück an den Chat übergeben. Dadurch, dass kein Kommunikationsserver zur Verfügung steht, muss auf die Datenbank in einem durchlaufenden Zyklus von einigen, wenigen Sekunden zugegriffen werden. Damit es mit anderen Funktionalitäten des Systems nicht zu Zugriffschwierigkeiten kommt, werden sämtliche Datenbankanfragen mit niedriger Priorität ausgeführt. Neben den Chatnachrichten werden auch sogenannten Chatsessions gehalten. Chatsessions ermöglichen eine aktuelle Anzeige der Nutzer im Chatraum. Das Prinzip ist ähnlich, wie das der Nutzersessions des Systems (vgl. 4.3.1). Beim Betreten des Chats wird dabei ein neues Tupel mit der Information des Chatteilnehmers eingetragen. Über einen Zeitstempel wird angegeben, wann ein Benutzer den Raum betreten hat. Dieser Zeitstempel wird solange erneuert, bis der Benutzer sich entweder aus dem Chat abmeldet oder den Chat durch die Auswahl einer anderen Funktion verlässt. Die Zykluszeit für die Aktualisierung liegt hier bei 10 Minuten. Sollte ein Zeitstempel einer Session älter als 10 Minuten sein, bedeutet dies, dass der Nutzer nicht mehr im Chat ist. Das entsprechende Tupel wird dann gelöscht und der Benutzername aus der Benutzerliste des Chatraumes entfernt.

Nachfolgend soll der komplexe Verlauf anhand eines Aktivitätsdiagramms dargestellt werden. Anhand Abbildung 37 erkennt man, dass die Aktualisierungsschleife solange durchlaufen wird bis eine Session ungültig ist. Das *Fork* und das *Join* sollen verdeutlichen, dass die Schleife unabhängig einer Benutzereingabe weiterhin durchlaufen wird.

4.4.15 Hilfe und FAQ

Damit Anwender jederzeit Hilfestellung über das System anfragen können, muss eine Hilfefunktion realisiert werden. Sinnvoll wäre hier eine abschnitts- bzw. funktionsunterteilte Hilfe, die in annähernd allen Sichten abgerufen werden kann und die zu dem aktuellen Bereich passende Unterstützung anbietet. Anhand eines Hilfesymbols in Form eines Fragezeichens wird diese Funktion im Kopf oben rechts in jeder Inhaltsseite angezeigt. Damit jederzeit die passende Hilfe angeboten werden kann, wird anhand des aktuellen *Views* unterschieden. Durch Anwahl des oben genannten Symbols öffnet sich ein neues Fenster. Dabei wird der aufgerufenen *Action* der Name des aktuellen Views übergeben. Da vorgesehen ist, das System zu einem späteren Zeitpunkt multilingual zu realisieren, wird außer dem *View*-Namen auch die eingestellte Sprache als Kürzel übergeben. So ist es im späteren Verlauf der Entwicklung möglich, die Hilfe in einer anderen Sprache abzurufen. Die zuständige *Action* greift über die Methoden der Hilfeklasse auf die Entität *Help* des Datenbanksystems zu. Dabei wird die angeforderte Hilfe anhand einer Indexierung des angefragten *Views* und der Sprache abgerufen. Als Rückgabe erhält die aufrufende Aktion den selektierten Hilfetext. Dieser wird dann dementsprechend an das für die Hilfedarstellung verwendete *View* übergeben.

Über die FAQ[47]-Funktion sollen allgemeine, häufig gestellte Fragen einsehbar sein. Ziel ist es, Anleitungen zur Problembehebung oft vorhandener Schwierigkeiten zu hinterlegen. Diese Funktionalität wurde im Prototyp bereits vorbereitet, aber nicht vollständig realisiert und soll deshalb an dieser Stelle nicht weiter beschrieben werden.

4.4.16 Suchfunktion

Da je nach Nutzungsintensivität der Lernplattform durchaus ein hohes Daten- und Informationsvolumen entstehen kann, ist eine ausführliche Suchfunktion unverzichtbar. Innerhalb des Prototyps gibt es zwei Möglichkeiten um die Suchfunktion zu nutzen: Die Schnellsuch-Funktion im oberen Frame und die erweiterte Suchfunktion im Hilfe-Bereich. Unterschieden wird lediglich die Selektierungsmöglichkeit der beiden Suchfunktionen. Die Schnellsuche „durchforscht" grundsätzlich alle einbezogenen Bereiche. Über Optionsschalter in der erweiterten Suche können diese Bereiche explizit selektiert werden. Je nach Informationsvolumen, hat dies den Vorteil, die Suche einzuschränken und das Ergebnis einzugrenzen.

Generell wird die Funktionalität über eine Instanz der Klasse *Search* verarbeitet. Dabei wird der eingegebene Suchstring zunächst auf Korrektheit überprüft. Die Eingabe von unerlaubten

---

[47] FAQ – Frequently Asked Questions (häufig gestellte Fragen)

Wörtern und Leerzeichen wird mit einer Fehlermeldung quittiert. Ist der Suchstring gültig, dann werden nacheinander die Bereiche Kurse, Arbeitsgruppen, Foren, Dokumente und Hilfe nach Auftreten der Benutzereingabe durchsucht. Bei der erweiterten Suche werden infolgedessen nur die durch die Optionsschalter einbezogenen Bereiche abgearbeitet. Allgemein erfolgt die Suche über die jeweiligen Datenbankentitäten, wobei Titel und Beschreibungen nach Vorkommnis überprüft werden. Für jeden Suchbereich existiert jeweils eine Methode. So kann bei der erweiterten Suche direkt auf die ausgewählte Methode zugegriffen werden.

Liegt ein Resultat vor, wird dies gruppiert in Bereiche angezeigt. Das Ergebnis wird dabei in Arrayinhalten temporär abgelegt und über das *View* ausgegeben. Ein zusätzlicher Zähler verdeutlicht die Anzahl der gefundenen Ergebnisse. Liegt hingegen kein Ergebnis vor, wird dies selbstverständlich ebenfalls angezeigt.

4.5 Fazit der Konzeption und Realisierung

In einer kurzen Entwicklungszeit wurde ein umfassendes und komplexes, jedoch transparentes Lernsystem entwickelt. Grundlage hierfür waren die hervorragenden Eigenschaften des „Advanced Modular Framework" (AMF). Dank des modularen Konzepts konnten Anpassungen an der Funktionalität problemlos und schnell umgesetzt werden. Aufgrund der modularen Struktur kann der Prototyp durch zusätzliche Funktionen individuell ergänzt und nach belieben skaliert werden.

Generell wurde versucht, die verschiedenen Bereiche der Lernumgebung auf den Erkenntnissen der Lerntheorien aufzubauen. Über die zu Anfang definierten Zielsetzungen hinaus konnten weitere Funktionalitäten diesbezüglich implementiert werden. Ein Beispiel hierfür ist, dass Teilnehmer zusätzlich in Arbeitsgruppen zusammenarbeiten. Dies soll, basierend auf den konstruktivistischen Theorien, die teamorientierte, aktive Teilnahme des Lernenden fördern.

Darüber hinaus werden sämtliche Aktionen, die vom Anwender ausgehen, durch qualitative Rückmeldungen quittiert. Auswahlübungen werden automatisiert überprüft und das Ergebnis direkt an den Lernenden zurückgegeben. Auch nach der Durchführung können Übungsvorgänge durch Einsicht des Vorgangs rekapituliert werden.

Selbstständiges Lernen kann mit Hilfe von Seminaren in Form von Hypertext-Dokumenten mit multimedialen Inhalten gefördert werden. Seminare sollen dabei allgemein in tutorieller Form präsentiert werden. Dies soll den Lernenden dazu anregen, die für sich optimale Methode zur Erschließung des Lehrstoffes zu wählen.

Die ausführliche Konzeption und qualitative Anforderungsanalyse haben den gesamten Realisierungsprozess vereinfacht und beschleunigt.

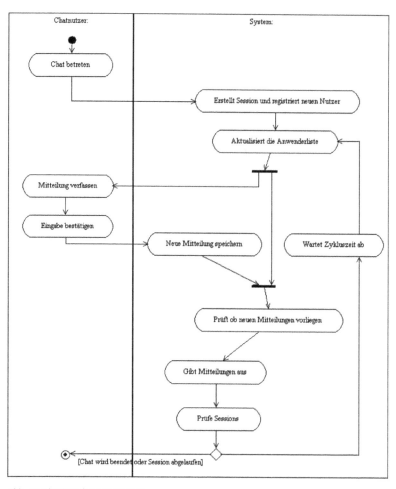

Abb. 37 Aktivitätsdiagramm: Chat

5. Funktion und Anwendung

Nachfolgend sollen einzelne Funktionen und Vorgänge innerhalb learncoms aus Sicht des Anwenders beschrieben werden. Generell werden alle Aktionen wie beispielsweise Anlegen, Ändern oder Löschen über das System durch eine Meldung quittiert. Löschvorgänge werden generell erst nach Bestätigung einer Sicherheitsabfrage durchgeführt. Alle Formulareingaben werden grundsätzlich auf Gültigkeit überprüft. Das Auslassen von Pflichtangaben wird durch eine Fehlermeldung quittiert.

Zur Übersicht und zum besseren Verständnis der nachfolgenden Funktionserklärung, sollen alle vorkommenden Symbole und ihre Bedeutung tabellarisch aufgezeigt werden.

Abb. 38 Zeichen und Symbole

5.1 Schreibtisch

Die Schreibtisch-Funktionen sind allgemein nur von registrierten Benutzern einsehbar, da die Funktionen hauptsächlich persönliche oder systeminterne Einstellungen und Sichten der jeweiligen Person wiedergeben. Die Anzahl der Funktionen und deren Möglichkeiten sind auch hier abhängig von der Benutzergruppe.

5.1.1 Startseite

Nach dem Login befindet sich der Benutzer auf der Startseite. Hier werden alle relevanten Ereignisse informativ bereitgestellt. So hat der Nutzer direkt eine aktuelle Einsicht in die Geschehnisse. Dabei werden für registrierte Mitglieder aktuell folgende Hinweise angezeigt:

Mitteilungen

Über den Punkt *Mitteilungen* wird der Erhalt neuer Nachrichten angezeigt. Hier soll nur ein Hinweis über die Anzahl neuer Mitteilungen direkt sichtbar dargestellt werden.

Termine

Der Abschnitt *Termine* informiert den Anwender über anstehende Termine innerhalb der nächsten sieben Tage. Termine werden dabei aus dem persönlichen Terminkalender des jeweiligen Nutzers entnommen.

Kurs und Arbeitsgruppen

Sollte es sich bei dem angemeldete Benutzer um einen Kursleiter (Tutor) handeln, werden Neu-Registrierungen zur Bestätigung im Abschnitt *Kurs* angezeigt. Hier kann der Kursleiter durch Anwahl der vorgesehenen Schaltflächen entscheiden, ob dem Registrator der Zugang zum Kurs ermöglicht oder ob er abgelehnt wird. Handelt es sich andererseits bei dem angemeldeten Benutzer um einen Leiter bzw. Eigner einer Arbeitsgruppe, werden dementsprechend Neu-Registrierungen nach dem gleichen Prinzip kenntlich gemacht. Auch hier besitzt der Gruppenleiter wieder die Möglichkeit, eine Registrierung zu bestätigen oder abzulehnen.

Übungsvorgänge

Da einige Übungstypen eine Evaluierung und Kommentierung des Lehrenden erfordern, wird speziell für Tutoren ein Hinweis über offene Übungsvorgänge angezeigt. Hier hat der Tutor direkten Zugriff auf eine durch einen Teilnehmer durchgeführte Übung. Die Übung kann somit direkt bewertet und kommentiert werden.

5.1.2 Profil

Anhand der Profilmaske können registrierte Benutzer ihr persönliches Profil einstellen oder ändern. Dabei werden persönliche Felder wie zum Beispiel Name und E-Mail-Adresse vorgegeben. Eintragungen und Änderungen, speziell der „Instant-Messaging"-Felder wie *MSN* oder *ICQ* wirken sich dabei auf andere Bereiche innerhalb des Systems aus. Eintragungen dieser Art werden beispielsweise im Forum unter dem Benutzernamen als Symbol publiziert. Dadurch wird anderen Benutzern kenntlich gemacht, dass die jeweilige Person zusätzlich über die oben genannten Dienste kontaktierbar ist.

5.1.3 Meine Kurse

Über den Punkt *Meine Kurse* erhalten Teilnehmer eine nach Kurstitel sortierte Übersicht aller registrierten Kurse. Dabei werden von allen Kursen die Titel, die Kurzbeschreibungen und die Autoren angezeigt. Durch die Anwahl des Kurstitels gelangt man direkt zu einem Kurs. Kurseigner besitzen, zusätzlich zu den registrierten Kursen, eine separate Auflistung der eigenen Kurse (falls vorhanden). Über diese Auflistung kann ein eigener Kurs durch Anwahl der vorgesehenen Schaltfläche entfernt werden.

5.1.4 Meine Arbeitsgruppen

Die Funktion *Meine Arbeitsgruppen* zeigt, ähnlich wie der Punkt Meine Kurse (siehe 5.1.3 – Meine Kurse), eine Übersicht aller registrierten Arbeitsgruppen an. Auch hier werden die Arbeitsgruppen mit Titel, Kurzbeschreibung und Moderator angezeigt. Sollte ein Benutzer über eigene Arbeitsgruppen verfügen, werden diese dementsprechend ebenfalls mit Titel und Beschreibung angezeigt. Wie auch die Kurstutoren, besitzen Arbeitsgruppeneigner hier die Möglichkeit, eine Arbeitsgruppe direkt zu entfernen.

5.1.5 Meine Übungen

Der Bereich *Meine Übungen* ermöglicht die Einsicht bereits durchgeführter Übungen. Die Übungen werden nach Ausführungszeit, absteigend sortiert, untereinander gelistet. Dabei werden Titel, Beschreibung und die erreichte Punktzahl in Prozent der jeweiligen Übung angegeben. Durch die Anwahl des Übungstitels kann die Durchführung zur Rekapitulation noch einmal eingesehen werden. Dabei werden falsche Felder und Einträge erkenntlich markiert.

5.1.6 Adressbuch

Um Personenkontakte innerhalb der Plattform ablegen zu können, wird ein Adressbuch angeboten. Eine Übersicht eingetragener Kontakte, erhält man über die Adressbuchfunktion der Navigation. Hier werden die Kontakte untereinander aufgelistet. Dabei stehen Informationen wie Nachname, Vorname und Benutzername, sowie der Zeitpunkt des letzten Logins und der aktuelle Status des Kontaktes zur Verfügung. Durch die Anwahl des Benutzernamens kann der gewählten Person direkt eine Mitteilung zugeteilt werden, und sie ist dann als Empfänger in der Empfängerliste der Mitteilungsfunktion ersichtlich.

Kontakt anlegen

Eintragungen in das Adressbuch sind durch die Anwahl des Adressbuchsymbols hinter einem Benutzernamen möglich. Sollte ein Kontakt bereits im Adressbuch existieren, wird die Eintragung durch einen Hinweis abgelehnt.

Kontakt löschen

Um einen existierenden Kontakt aus dem Adressbuch zu entfernen, sollte wie folgt vorgegangen werden:

- Adressbuch über die Navigation aufrufen

- Über das gekennzeichnete Optionssymbol „löschen" den gewünschten Kontakt löschen

- Sicherheitsnachfrage mit „Ja" bestätigen

5.1.7 Notizen

Im Bereich *Notizen* können registrierte Benutzer persönliche Notizen anlegen. Sie dienen der Speicherung von kurzen Texten oder Kommentaren. Notizen können aktuell nicht geändert werden.

Notiz anlegen

Um eine neue Notiz anzulegen, sollte wie folgt vorgegangen werden:

- Notizübersicht über die Navigation aufrufen

- Über die Schaltfläche „neue Notiz" die Eingabemaske aufrufen

- Notizinformationen in das vorgesehene Feld eintragen und die Eingabe bestätigen

Notiz löschen

Um eine bestehende Notiz zu entfernen, sollten folgende Schritte durchgeführt werden

- Notizübersicht über die Navigation aufrufen

- Über das gekennzeichnete Optionssymbol „löschen" die gewünschte Notiz löschen

- Sicherheitsnachfrage mit „Ja" bestätigen

5.1.8 Kalender

Der Kalender dient dem Anlegen persönlicher Termine. Darüber hinaus verfügt er über eine Übersicht des laufenden und kommenden Monats. Generell steht die Kalenderfunktion nur registrierten Benutzern der Umgebung zur Verfügung.

Termin anlegen

Um einen neuen Termin in den Kalender einzutragen, sollte wie folgt vorgegangen werden:

- Kalender aufrufen

- Über die Schaltfläche „Termin anlegen" oder durch Anwahl des Termintages in der Monatsübersicht die Eingabemaske aufrufen.

- Falls nicht vorgegeben, Termindaten eintragen und Eingabe bestätigen

Termin ändern

Um einen existierenden Termin zu ändern, sollten folgende Schritte durchgeführt werden:

- Kalender aufrufen

- Über die Option „ändern" des jeweiligen Termins die Änderungsmaske aufrufen

- Zu ändernde Termindaten eintragen und Änderung bestätigen

Termin löschen

Um einen existierenden Termin zu entfernen, sollte wie folgt vorgegangen werden

- Kalender aufrufen

- Über die Option „löschen" des jeweiligen Termins kann ein Termin aus dem Kalender ausgetragen werden.

- Sicherheitsnachfrage mit „Ja" bestätigen

5.1.9 Administrative Funktionen

Administratoren besitzen innerhalb der Schreibtisch-Funktion zusätzliche Funktionen zur Plattformeinstellung. Dabei werden folgende Funktionen angeboten:

Einstellungen

Über den Bereich *Einstellungen* kann die Basissprache und Erscheinungsbild der Plattform festgelegt werden. In der aktuellen Version es vorgesehen, die Systemsprache und das Erscheinungsbild einzustellen. Voreingestellt sind als Umgebungssprache „Deutsch" und als Erscheinungsbild, sprich CSS-Schema, „Crystal Blue". Ohne die Einbindung von Erweiterungen sind nur diese Optionen vorgesehen. Aktuell können allerdings keine Änderungen im Einstellungsbereich gemacht werden.

Themenbereiche

Innerhalb der Themenbereiche können Administratoren festlegen, wie die Gruppierung der Kurse, der Arbeitsgruppen und der anderen Inhalte erfolgen soll. Dabei werden die Themenbereiche auch als Fach- oder Distriktbereiche verstanden. Änderungen innerhalb dieses Bereichs führen zu einer globalen Veränderung aller anderen Bereiche. So erwirkt eine Veränderung einer Bereichsbezeichnung zwangsläufig eine Änderung des Namens einer Forenkategorie oder der Unterteilung der Kurse.

Änderungen, speziell das Löschen eines Themenbereichs, sind mit äußerster Vorsicht zu handhaben. Das Löschen eines Bereiches sorgt für die unwiderrufliche Löschung der darin enthaltenen Kurse, Arbeitsgruppen und Foren, sowie deren Inhalte!

Administratoren

Über den Bereich *Administratoren* erhalten Administratoren eine Auflistung der im System eingetragenen Nutzer mit administrativen Rechten. Hier besteht die Möglichkeit neue Systemadministratoren anzulegen. Jeder im System registrierte Administrator kann einen neuen Administrator anlegen. Unterdes kann ein bestehender Administrator nicht durch einen anderen Administrator gelöscht oder in seiner Funktion heruntergestuft werden. Da es in der aktuellen Version keine höhere Benutzergruppe gibt, kann das Entfernen von Administratoren nur direkt über die Datenbank erfolgen.

Tutoren

Über den Bereich *Tutoren* erhalten die Administratoren eine Liste aller im System registrierten Lehrenden. Über die Änderungsfunktion erhält man die komplette Profilmaske des ausgewählten Tutors. Innerhalb dieser Maske können alle Profildaten eingesehen und bei

Bedarf modifiziert werden. Eine Gruppenzuordnung kann an dieser Stelle durch die Auswahl der Gruppenzugehörigkeit des jeweiligen Benutzers erfolgen. Desweiteren verfügen Administratoren über Mittel zur expliziten Sperrung eines Tutors. Eine Sperrung verhindert den Zugriff durch einen unerwünschten Benutzer auf das System.

Benutzer

Die Liste der Benutzer ist funktional identisch mit der Tutorenliste, nur dass in dieser Sicht alle registrierten Teilnehmer der Gruppe 2 gelistet sind. Auch hier, kann durch die Auswahl der Änderungsfunktion eine Gruppenneuzuordnung eines Benutzers über die vorgesehene Auswahlliste durchgeführt werden. Wie in der Tutorensicht besteht auch innerhalb der Benutzerliste die Möglichkeit einen Benutzerzugang durch den Administrator zu sperren.

Gäste

Die Gästeliste beinhaltet alle angemeldeten Gastnutzer der Lernplattform. Dabei wird der generierte Benutzername und die IP-Adresse des Gastes angezeigt. Über die Deportierungsfunktion in der rechten Spalte jedes Eintrags kann der jeweilige Gast aus dem System verbannt werden. Eine Verbannung eines Gastes wird erst bei der nächsten Aktion für den Gastnutzer erkenntlich, indem der Login-Bereich angezeigt wird.

5.2 Kurse

Kursübersicht

Über die Kursübersicht erhält man eine in Themenbereiche gruppierte Listensicht aller verfügbaren Kurse. Dabei werden jeweils Titel, Beschreibung und Eigner des Kurses angezeigt. Registrierungspflichtige Kurse werden durch ein Schlosssymbol gekennzeichnet. Über die Anwahl des Kurstitels gelangt man direkt zu dem selektierten Kurs. Die Kursübersicht ist für alle Benutzergruppen identisch.

Meine Kurse

Diese Funktion entspricht der Funktion „Meine Kurse" aus 5.1.3.

Kurs anlegen

Um einen neuen Kurs anzulegen, sollten nachfolgende Schritte durchgeführt werden:

- Über das Hauptmenu in den Kursbereich wechseln

- Durch Anwahl der Submenufunktion „Neuen Kurs anlegen" die zuständige Maske aufrufen

- Eingabe der geforderten Formularfelder

- Eingabe bestätigen

Kurse können grundsätzlich nur durch Tutoren erstellt werden.

Kursdaten ändern

Über die Schaltfläche „Kursdaten ändern" in der Kurseinsicht kann der Eigner die allgemeinen Kursinformationen ändern. Durch Betätigen der Schaltfläche erhält man eine Maskensicht mit inhaltlich vorgegebenen Formularelementen. Wie bei der Kursanlegung ist auch hier die Eingabe der Pflichtfelder nötig. In dieser Ansicht kann unter anderem der Kursstatus von „öffentlich" zu „registrierungspflichtig" (oder umgekehrt) geändert werden. Änderungen von Kursdaten sind dem Eigner und den Administratoren vorbehalten.

Tutoren

Über die Verlinkung „Tutoren" erhalten Administratoren und der Kurseigner eine Listensicht aller für einen Kurs eingetragener Tutoren. Durch die Anwahl der Schaltfläche werden in einem Popup-Fenster alle, speziell für diesen Kurs möglichen, Tutoren angezeigt. Bei den angezeigten Nutzern handelt es sich um Nutzer der Gruppen Administrator und Tutor, die noch keinen Bezug zu dem gewählten Kurs haben.

Um einen Tutor einem Kurs zuzuweisen, sollte wie folgt vorgegangen werden:

- Tutorenübersicht über die Kursansicht aufrufen

- Durch betätigen der Schaltfläche „Tutor hinzufügen" die Funktion als Popup aufrufen

- Die gewünschten Tutoren aus den Listen auswählen (Mehrfachauswahl mit Steuerungstaste) und Auswahl bestätigen

Nach der Bestätigung wird die aktualisierte Tutorenübersicht angezeigt.

Infolgedessen können natürlich auch vorhandene Tutoren aus einem Kurs entfernt werden. Dazu ist jeweils das entsprechende Optionssymbol zum Entfernen zu betätigen. Nach Bestätigung des Löschvorgangs wird die aktualisierte Liste der Tutoren angezeigt.

Eine Zuweisung neuer Tutoren kann nur durch einen Administrator erfolgen und ist als entsprechende Schaltfläche nur dieser Benutzergruppe ersichtlich. Tutoren können hingegen auch vom Eigner des Kurses entfernt werden.

Teilnehmer

Über die Verlinkung „Teilnehmer" in der Kursansicht erhalten Administratoren und Kurstutoren eine Liste aller für diesen Kurs registrierten Teilnehmer. Um einen Benutzer aus der Teilnehmerliste zu entfernen, muss lediglich das gekennzeichnete Entfernen-Symbol aktiviert werden. Nach Bestätigung der Rückmeldung wird der Teilnehmer entfernt und die Teilnehmerliste neu geladen. Teilnehmer können nur durch den Kurseigner oder einem Administrator entfernt werden.

5.3 Seminare

Über Seminare sollen didaktische Inhalte in tutorieller Form zur Verfügung gestellt werden. Ein Seminar ist dabei in Seiten unterteilt. Generell kann ein Seminar nur existieren, wenn mindestens eine Seite bereitgestellt wird. Für die Bereitstellung der Seminarseite steht der HTML-Editor htmlArea zur Verfügung. Für eine Funktionsbeschreibung des Editors soll an dieser Stelle auf die Hilfe von htmlArea verwiesen werden. Seminare und Seminarseiten können nur durch Kurstutoren erstellt werden.

Seminar anlegen

Um ein Seminar anzulegen, sind folgende Schritte zu befolgen:

- Zielkurs aus der Kursübersicht wählen

- Über die Schaltfläche „Seminar anlegen" die Eingabemaske für ein neues Seminar aufrufen

- Ein- bzw. Angabe der Pflichtfelder wie „Titel" und „Beschreibung"

- Optionale Angaben wie Öffentlichkeitsstatus und Gültigkeitsdatum

- Eingaben bestätigen

- Inhalt der ersten Seminarseite eintragen oder externe Datei importieren und Eingaben bestätigen

- Um eine weitere Seite anzulegen, die folgende Aufforderung mit „Ja" bestätigen

Seminardaten ändern

Die Maske zur Änderung der allgemeinen Daten eines existierenden Seminars kann durch die Auswahl des Editierungssymbols in der Seminarübersicht des Kurses aufgerufen werden. Alle bereits bekannten Informationen werden dabei vom System als Vorgabe in die Formularfelder eingetragen.

Seminarseite hinzufügen

Um nachträglich eine Seminarseite zu einem bestehenden Seminar hinzuzufügen, sollte wie folgt vorgegangen werden:

- Zielseminar aus der Seminarliste des Kurses auswählen

- Zur gewünschten Position des Seminars für das Einfügen der Seite navigieren

- Entsprechende Schaltfläche „Seite hinzufügen" auswählen

- Inhalt für die Seminarseite eingeben und bestätigen

Seminarseiten können nur durch den Kurseigner oder den Autor des Seminars hinzugefügt werden.

Seminarseite ändern

Um eine existierende Seminarseite zu ändern, sollte wie folgt vorgegangen werden:

- Entsprechendes Seminar aus der Seminarliste auswählen

- Die zu ändernde Seminarseite anzeigen lassen

- Den Editor durch Anwahl der Schaltfläche „Seite bearbeiten" aufrufen

- Änderung eintragen und bestätigen

Eine Seminarseite kann nur durch den Kurseigner oder den Autor geändert werden.

Seminarseite löschen

Um eine bestehende Seminarseite aus einem Seminar zu entfernen, sollten folgende Schritte durchgeführt werden:

- Entsprechendes Seminar aus der Seminarliste auswählen

- Die zu löschende Seminarseite anzeigen lassen

- Durch Anwahl der Schaltfläche „Seite löschen" wird die Seite gelöscht

Durch die Löschung einer Seminarseite wird automatisch die Seitenzahl aller nachfolgender Seiten um eins dekrementiert, so dass wieder ein zusammenhängender Seitenkatalog existiert. Eine Seminarseite kann nur durch den Kurseigner oder den Autor gelöscht werden.

Seminar löschen

Ein Seminar kann durch die gekennzeichnete Schaltfläche in der Seminarübersicht des Kurses gelöscht werden. Generell können Seminare nur durch den Kurseigner, einem Administrator oder den Autor gelöscht werden.

Seminar speichern

Ein Seminar kann durch das Diskettensymbol in der Seminarübersicht des Kurses in gepackter Form lokal gespeichert werden. Diese Funktion steht nur dem Kurseigner und dem Autor zur Verfügung.

5.4 Übungen

Übung anlegen

Grundsätzlich kann eine Übung durch Aufruf der entsprechenden Maske in der Kursübersicht angelegt werden. Im ersten Schritt erfolgt die Eingabe der allgemeinen Übungsinformationen wie Titel und Beschreibung, sowie Gültigkeitsdauer und Übungstyp. Je nach dem, welcher Übungstyp ausgewählt worden ist, wird nach der Bestätigung der Eingabe dementsprechend die typspezifische Übungsmaske angezeigt.

Aufgabenstellung mit offenem Ende

Dieser Übungstyp erlaubt die Bereitstellung von Aufgaben mit individueller Teilnehmerlösung. Für die Eingabe der Aufgabenstellung steht ein Formular-Textfeld zur Verfügung. Für optionale Texteigenschaften, wie beispielsweise Kursivschrift, Texthervorhebung oder Code-Darstellung werden unterschiedliche Funktionen oberhalb des Textfeldes angeboten.

Die Durchführung solcher Übungstypen erfolgt ebenfalls mit Hilfe eines Textfeldes. Der Teilnehmer hat die Möglichkeit in diesem Feld seine individuelle Lösungen einzutragen. Auch hier werden oberhalb des Eingabefeldes optionale Texteigenschaften über eine Funktionsleiste angeboten. Nach Eingabe und Bestätigung der Lösung wird dem Teilnehmer durch einen Hinweis angezeigt, dass die Lösung durch den zuständigen Tutor überprüft werden muss.

Die Evaluierung der Übung erfolgt ausschließlich durch den Aufgabensteller. Hier liegen Aufgabenstellung und Lösung des Teilnehmers vor. Nach Durchsicht des Tutors, kann die Eingabe der erreichten, prozentualen Punktzahl und eines optionalen Kommentars bestätigt werden. Darüber hinaus erhält der Teilnehmer nach der Bestätigung eine Systemmitteilung über das Evaluierungsergebnis.

Lückentext

Lückentextaufgaben werden allgemein durch die Eingabe eines bestimmten Textes und Definition der Lückenstellen angelegt. Die Eintragung der Aufgabe erfolgt über ein Formular-Textfeld. Wie auch bei den Aufgabenstellungen mit offenem Ende, werden über eine Symbolleiste zusätzliche Funktionen angeboten. Ergänzend zu den Optionsschaltflächen, existiert hier eine zusätzliche Option für das definieren von Lücken. Ausgehend davon, dass der Tutor einen beliebigen Text eingetragen hat, wird durch die Markierung eines Wortes und der Anwahl der zusätzlichen Optionsschaltfläche eine Lücke angelegt. Dabei wird das selektierte Wort durch die Tag-Elemente [gap] und [/gap] umschlossen.
Bei der Durchführung werden die markierten Satzteile durch Eingabefelder ersetzt. Durch die Eingabe des Übungsteilnehmers können die definierten Stellen mit der Eingabe inhaltlich verglichen und evaluiert werden.

Multiple-Choice

Multiple-Choice-Übungen gehören wohl zu den am häufigsten eingesetzten Übungstypen. Strukturell wird eine Fragestellung und eine Auswahl möglicher Antworten angegeben. Dabei kann aktuelle nur eine richtige Antwort ausgewählt werden.

Grundsätzlich wird zuerst anzugeben, wie viele Antworten die aktuelle Aufgabe anbieten soll. Möglich ist hier die Auswahl von zwei bis fünf Antworten pro Fragestellung. Wählt man beispielsweise an dieser Stelle „3", so werden im nächsten Schritte neben dem eigentlichen Eingabefeld für die Fragestellung, entsprechend drei Eingabefelder für die Antworten bereitgestellt. Nach der Eingabe in die vorgesehenen Felder, muss durch die Optionsschalter neben jedem Antwortfeld angegeben werden, welche Antwort die Lösung der Aufgabe ist. Da es sich hier um einen Mehrfachübungstyp handelt, wird nach der finalen Eingabebestätigung angefragt ob eine weitere Aufgabe zur aktuellen Übung hinzugefügt werden soll. Beantwortet man diese mit „Ja", erfolgt automatisch der Rücksprung zur Aufgabenmaske, die es erlaubt eine weitere Multiple-Choice-Aufgabe anzulegen. Dieser Vorgang wiederholt sich so oft, bis die Übungseingabe explizit durch den Tutor beendet wird.

Richtig oder Falsch

Bei „Richtig oder Falsch"-Übungen handelt es sich um eine vereinfachte Art der Multiple-Choice-Übungen. Dabei können Aussagen durch die zwei Angaben „richtig" oder „falsch" bewertet werden.

Grundsätzlich ist pro Aufgabe jeweils eine Aussage anzugeben. Für den Eintrag der Aussage ist in der Übungsmaske ein Textfeld vorgesehen. Darüber hinaus wird durch die Anwahl der nachfolgenden Option angegeben, ob die eingetragene Aussage richtig oder falsch ist. Eine Bestätigung speichert die aktuell eingetragen Aufgabe. Nachfolgend wird gefragt, ob eine weitere Aufgabe hinzugefügt oder die Eingabe abgeschlossen werden soll. Wählt man hier „Ja" wird erneut die Aufgabenmaske angezeigt. Dieser Vorgang wird so oft wiederholt, bis die Eingabe explizit durch den Tutor beendet wird.

Vokabular

Dieser Übungstyp dient der Überprüfung und Übung von Vokabeln. Generell ist dieser Übungstyp sprachunabhängig und kann somit in Verbindung mehrerer Sprachen genutzt werden. Dieser Übungstyp wird durch das Lernsystem evaluiert. Dementsprechend sollten die Eingaben nicht unnötig kompliziert gestaltet werden. Maximal können in einer Vokabelübung 99 Vokabeln angelegt bzw. abgefragt werden.

Im ersten Schritt des Anlegevorgangs, ist anzugeben wie viele Vokabeln eingetragen werden sollen. Wählt man hier beispielsweise „10", so werden im nächsten Schritt gruppiert, untereinander 20 Eingabefelder gelistet. Das in jeder Gruppierung angegebene erste Feld dient der Eingabe der Vorgabe. Hingegen wird in das zweite Feld die Lösung eingetragen. Eine abschließende Bestätigung speichert die Eingabe und damit die Übung.

Übungsdaten ändern

Um allgemeine Daten von Übungen zu ändern, kann durch Anwahl der Änderungsschaltfläche in der Übungsübersicht die entsprechende Maske aufgerufen werden. Die dem System bereits bekannten Angaben werden automatisch in den jeweiligen Feldern und Listen vorgegeben. Durch Eingabe der Änderung und Bestätigung des Tutors können die Übungsdaten geändert werden. Allgemeine Übungsinformationen können nur durch den Autor, Kursleiter oder einen Administrator geändert werden.

Übung löschen

Um eine bestehende Übungen zu entfernen, ist die gekennzeichnete Schaltfläche in der Übungsübersicht des Kurses anzuwählen. Übungen können nur durch den Kursleiter oder einen Administrator gelöscht werden.

Übung exportieren

Damit Übungen lokal gespeichert werden können, existiert für jede Übung die Option zum Export in ein CSV-Dokument. Um eine Übung zu exportieren, sind folgende Schritte durchzuführen:

- Auswahl des Kurses in der Kursübersicht

- Anwahl des Symbols für die Exportfunktion in der Zeile der Übung

- Die durch den Server zum Download freigegebene Datei durch Angabe des lokalen Speicherorts sichern

Übungsstatistik

Die Übungsstatistik informiert Tutoren über den Fortlauf einzelner Übungen. Um die Statistik einer Übung aufzurufen, muss lediglich das entsprechende Symbol in der Übungsübersicht des Kurses ausgewählt werden. Die Statistik gibt an, wie viele Teilnehmer die Übung erfolgreich bzw. nicht erfolgreich durchgeführt haben. Dabei wird das Geringste, das Höchste und das Durchschnittsresultat in Prozent und als grafische Darstellung in Form eines Balkendiagramms angezeigt. Überdies werden untereinander alle Übungsteilnehmer und deren Resultate gelistet.

Übungsstatistik

Bereits durchgeführte Übungen können durch Anwahl des Übungstitels in der Übersicht „Meine Übungen" eingesehen werden. Die nachfolgende Übersicht zeigt dem Übungs-absolventen Aufgabenstellung, Lösung und seine Lösung an. Dabei wird die eine richtige Lösung farblich in grün, eine falsche Lösung in rot dargestellt.

5.5 Glossar

Generell existiert ein Glossar nur in Verbindung mit einem Kurs. Glossareinträge können nur durch Tutoren des Kurses angelegt, geändert und gelöscht werden.

Eintrag anlegen

Um einen neuen Glossareintrag anzulegen, sollte wie folgt vorgegangen werden:

- Auswahl des Kurses in der Kursübersicht
- Das Glossar über den Link „Kursglossar" aufrufen
- Aufrufen der Eingabemaske über die Schaltfläche „Neuer Glossareintrag"
- Eingabe der Pflichtfelder *Wort/Abkürzung* und *Beschreibung*
- Bestätigen der Eingabe

Eintrag ändern

Um einen bestehenden Glossareintrag zu ändern, gehen Sie wie folgt vor:

- Auswahl des Kurses in der Kursübersicht
- Das Glossar über den Link „Kursglossar" aufrufen
- Aufrufen der Änderungsmaske über die Option „bearbeiten" in der Zeile des Eintrags
- Änderung der Angaben
- Bestätigen der Änderung

Eintrag löschen

Um einen bestehenden Glossareintrag zu löschen, sollten folgende Schritte befolgt werden:

- Auswahl des Kurses in der Kursübersicht
- Das Glossar über den Link „Kursglossar" aufrufen
- Anwahl des Optionssymbols „löschen" in der Zeile des Eintrags
- Bestätigung der Löschvorgabe mit „Ja"

5.6 Arbeitsgruppen

Gruppenübersicht

Über diese Übersicht erhält der Anwender eine in Themenbereiche gruppierte Listensicht aller verfügbaren Arbeitsgruppen. Dabei werden Titel, Beschreibung und Eigner der jeweiligen Arbeitsgruppe dargestellt. Registrierungspflichtige Arbeitsgruppen werden auch hier mit einem Schlüsselsymbol in der ersten Spalte gekennzeichnet. Über die Anwahl des Titels gelangt man zu der selektierten Arbeitsgruppe. Auch diese Übersicht ist, wie die Kursübersicht, für alle Benutzergruppen identisch.

Meine Arbeitsgruppen

Diese Funktion entspricht der Funktion „Meine Arbeitsgruppen" aus 5.1.4.

Arbeitsgruppe anlegen

* Subnavigationspunkt „Arbeitsgruppe anlegen" anwählen

* Eingabe der Pflichtfelder für die allgemeinen Arbeitsgruppeninformationen

* Bestätigen der Eingabe

Arbeitsgruppe ändern

* In die zu ändernde Arbeitsgruppe wechseln

* Über die Schaltfläche „Arbeitsgruppe ändern" die Änderungsmaske aufrufen

* Ändern der allgemeinen Gruppeninformationen

* Bestätigen der Eingabe

Arbeitsgruppe löschen

Um eine Arbeitsgruppe zu löschen, muss lediglich die Schaltfläche „Arbeitgruppe löschen" in der Arbeitsgruppenansicht betätigt werden. Durch bestätigen der Sicherheitsabfrage werden die Arbeitsgruppe und die in Beziehung stehenden Bereiche gelöscht.

Moderatoren

Innerhalb einer Arbeitsgruppe ist es möglich, mehrere Moderatoren festzulegen. Über die Schaltfläche „Moderatoren" erhalten der Gruppeneigentümer und die Administratoren eine Listensicht aller in einer Arbeitsgruppe eingetragenen Moderatoren. Durch die Anwahl der Schaltfläche „Moderator hinzufügen" werden in einem Popup-Fenster alle, speziell für diese

Arbeitsgruppe möglichen Moderatoren angezeigt. Anders als bei den Kursen können Moderatoren einer Arbeitsgruppe Administratoren, Tutoren und registrierte Teilnehmer sein, die noch keinen Bezug zu der aktuellen Arbeitsgruppe haben. Um einen neuen Moderator zu einer Arbeitsgruppe hinzuzufügen, sollten folgende Schritte durchgeführt werden:

- In die betroffene Arbeitsgruppe wechseln
- Moderatorenübersicht über die Schaltfläche „Moderatoren" aufrufen
- Über „Moderator hinzufügen" die Funktion als Popup aufrufen
- Die gewünschten Moderatoren aus den Listen auswählen (multiple Auswahl mit Steuerungstaste)
- Auswahl bestätigen

Nach der Bestätigung wird die aktualisierte Moderatorenübersicht angezeigt.

Natürlich können, wie bei den Kursen auch, vorhandene Moderatoren aus einer Arbeitsgruppe entfernt werden. Dazu ist jeweils das entsprechende Optionssymbol zum Entfernen zu betätigen. Nach Bestätigung des Löschvorgangs wird eine aktualisierte Liste angezeigt.

Eine Zuweisung neuer Moderatoren kann nur durch einen Administrator erfolgen und ist als entsprechende Schaltfläche nur dieser Benutzergruppe ersichtlich. Gruppenmoderatoren können hingegen auch vom Eigner der Arbeitsgruppe entfernt werden.

Teilnehmer

Um eine Übersicht der Arbeitsgruppenteilnehmer zu erhalten, muss lediglich in die jeweilige Gruppe gewechselt werden. Über die Schaltfläche „Teilnehmer" wird die gewünschte Übersicht bereitgestellt. Hier können Administratoren und Kursmoderatoren die Daten aller für diese Arbeitsgruppe registrierten Teilnehmer einsehen. Um einen Benutzer aus der Teilnehmerliste zu entfernen, muss lediglich das gekennzeichnete Entfernen-Symbol aktiviert werden. Nach Bestätigung der Rückmeldung wird der Teilnehmer entfernt und die Teilnehmerliste neu geladen. Teilnehmer können nur durch den Eigner oder einem Administrator entfernt werden.

5.7 Dokumente

Die Dokumentenverzeichnisse der Kurse und Arbeitsgruppen dienen der Publizierung von themenspezifischen Dateien. Alle eingetragenen Dokumente werden im Dokumentpfad mit Angabe der Identifikationsnummer abgelegt. Allgemein unterscheidet man zwischen Kurs- und Arbeitsgruppenverzeichnis. Das Anlegen von Dokumenten in Kursverzeichnissen ist nur den jeweiligen Tutoren gestattet. Hingegen kann das Dokumentenverzeichnis in Arbeitsgruppen von jedem Gruppenteilnehmer zur Publizierung verwendet werden. Alle Dokumentangaben wie Titel und Beschreibung, sowie Typ und Dateigröße werden zusätzlich in der Datenbank gespeichert. Über einen Downloadzähler kann jederzeit eingesehen werden, wie oft das Dokument bereits aufgerufen worden ist. Aktuell können Dokumenteinträge nicht geändert werden.

Dokument anlegen

Aufgrund eines möglichen Abbruchs des Anlegeprozesses können keine Dokumente > 6 MB in das Verzeichnis hinterlegt werden. Um ein neues Kursdokument anzulegen, sollte wie folgt vorgegangen werden:

- In den Zielkurs wechseln

- In das Dokumentenverzeichnis durch die Verlinkung „Dokumentenverzeichnis" wechseln

- Über die Schaltfläche „Dokument hinzufügen" die Eingabemaske aufrufen

- Dokumentname und Beschreibung angeben und lokal vorliegendes Dokument auswählen

- Eingaben bestätigen

Nach der Bestätigung der Eingabe wird die aktualisierte Dokumentliste des Verzeichnisses angezeigt.

Dokument löschen

Um einen existierenden Dokumenteintrag zu entfernen, muss lediglich das gekennzeichnete Symbol im Dokumentenverzeichnis gewählt werden. Dokumente können innerhalb der Kurse nur durch den Kursleiter, innerhalb Arbeitsgruppen nur durch den Gruppenleiter gelöscht werden.

Dokument öffnen/speichern

Um ein Dokument aus einem Verzeichnis zu speichern bzw. zu öffnen, sollten folgende Schritte durchgeführt werden:

- Wechseln in das Dokumentverzeichnis des Kurses oder der Arbeitsgruppe
- Titel des gewünschten Dokuments anwählen
- Im Popup-Fenster mit der rechten Maustaste den „Download"-Link anwählen und im Menü „Speichern unter..." den Zielpfad angeben und bestätigen
- Alternativ mit der linken Maustaste das Dokument im neuen Fenster öffnen

5.8 Internetverweise

Verweise sollen themenspezifische Informationen im Internet aufzeigen. Internetverweise können in Kursen und Arbeitsgruppen angeboten werden.

Internetverweis anlegen

- Wechsel zum Zielkurs oder zur Arbeitsgruppe
- Über die Verlinkung „Linkverzeichnis" die Verweisauflistung aufrufen
- Durch Anwahl der Schaltfläche „Link anlegen" die Eingabemaske aufrufen
- Name und URL des Verweis eingeben und bestätigen

Internetverweis ändern

Um einen Verweis zu ändern, muss lediglich die Änderungsmaske durch Anwahl des Änderungssymbols aufgerufen werden. Verweise können grundsätzlich nur durch den Eigner geändert werden.

Internetverweis löschen

Ein Verweis kann grundsätzlich mit dem Enfernen-Symbol in der Verweisliste gelöscht werden. Verweise können nur durch die Eigner oder einen Administrator gelöscht werden.

5.9 Literaturempfehlungen

Literaturempfehlungen dienen, wie der Name schon sagt, der Empfehlung von themen-spezifischer Literatur. Literaturempfehlungen können in Kursen nur durch Kurstutoren angeboten werden.

Buchempfehlung anlegen

Um eine neue Empfehlung anzulegen, sollte wie folgt vorgegangen werden:

- Über die Kurs- oder Gruppenübersicht über die Verlinkung „Literaturempfehlungen" zu den Empfehlungen wechseln

- Durch Anwahl der Schaltfläche „Eintrag anlegen" die Eingabemaske aufrufen

- Eingabe der Literaturinformationen. Pflichtfelder sind mit einem Stern gekennzeichnet

- Eingabe bestätigen

Mit Angabe der ISBN-Nummer wird automatisch zum entsprechenden Eintrag des „Amazon" Onlinedienstes verlinkt. Dies ermöglicht den Teilnehmern, die Empfehlung im Detail einzusehen. Nachfolgend wird eine aktuelle Liste der Empfehlungen angezeigt.

Buchempfehlung ändern

Um eine existierende Empfehlung zu ändern, ist die entsprechende Änderungsmaske über den Eintrag auszuwählen. Nach Änderung der Daten und einer abschließenden Bestätigung werden die Daten aktualisiert in der Listensicht angezeigt.

Buchempfehlung löschen

Eine Empfehlung kann durch das Enfernen-Symbol eines Eintrags in der Listensicht gelöscht werden.

5.10 Mitteilungen

Für eine interne, inaktive Kommunikation zwischen den Anwendern steht eine Mitteilungs-funktion zur Verfügung. Über diese Funktion können systeminterne Nachrichten gesendet und empfangen werden. Jeder registrierte Teilnehmer kann Mitteilungen senden und in einem persönlichen Postfach empfangen und einsehen. Administratoren können Rundschreiben verfassen, die an alle registrierten Anwender des Systems gesendet werden.

Mitteilungseingang

Der Mitteilungseingang stellt das Postfach eines registrierten Anwenders dar. Alle empfangenen Mitteilungen werden nach Empfangsdatum sortiert untereinander aufgelistet. Fettgedruckte Betreffzeilen kennzeichnen eine noch nicht gelesene Mitteilung. Sollten sich mehr als zehn Mitteilungen im Postfach befinden, werden diese automatisch in Seiten unterteilt. Durch die Seitennavigation über- und unterhalb der Auflistung können die einzelnen Seiten angesteuert werden.

Mitteilung verfassen

Allgemein wird eine Mitteilung über die Maske „Mitteilung verfassen" erstellt. Diese Maske kann entweder über die Navigation oder durch Anwahl eines Benutzernamens aufgerufen werden. Mit Hilfe des Adressbuchs können Mitteilungen an mehrere Empfänger versendet werden. Dazu ist es notwenig, die zuständige Maske über die Hauptnavigation anzusteuern. Durch Selektierung der Kontakte in der Empfängerliste wird die Mitteilung an die gewählten Empfänger gesendet. Eine Auswahl mehrerer Kontakte erfolgt unter Zuhilfenahme der Steuerungstaste. Eine leere Empfängerliste bedeutet, dass noch keine Kontakte im Adressbuch vorliegen.

Die Angabe eines Betreffs und des eigentlichen Mitteilungsinhalts sind als Pflichtfelder angegeben. Durch das Bestätigen der Eingaben wird die Nachricht versendet.

Mitteilung beantworten

Um eine erhaltene Mitteilung zu beantworten, muss im Postfach die zu beantwortende Nachricht eingesehen werden. Über die Schaltfläche „Antworten" wird die Maske „Mitteilung verfassen" mit dem vorgegebenen Empfänger aufgerufen.

Rundschreiben

Über die Rundschreibenfunktion haben Administratoren die Möglichkeit, mit einer verfassten Mitteilung alle registrierten Teilnehmer zu erreichen. So können Hinweise, Anmerkungen oder ähnliches an alle Teilnehmer einfacher verfasst und gesendet werden. Die Rundschreiben-funktion ist über die Navigation im Bereich „Mitteilungen" aufzurufen.

Mitteilung löschen

Erhaltene Mitteilungen können innerhalb des Posteingangs durch die Auswahl der Kontrollkästchen oder explizit durch die Anwahl des gekennzeichneten Symbols gelöscht werden. Die Auswahl der Kontrollkästchen soll die Löschung mehrerer Mitteilungen beschleunigen bzw. vereinfachen. Weiterhin kann eine Mitteilung in der Detailsicht durch die gekennzeichnete Schaltfläche gelöscht werden. Einmal gelöschte Mitteilungen können aktuell nicht wiederhergestellt werden.

5.11 Community

Der Community-Bereich besteht aus einem Forenbereich und unterschiedlichen Chaträumen. Foren und der öffentliche Chatraum können grundsätzlich über das Hauptnavigationselement „Community" aufgerufen werden. Die kurs- bzw. arbeitsgruppenspezifischen Chaträume hingegen, sind nur über die jeweilige Übersicht aufrufbar. Generell ist der Zutritt für registrierungspflichtige Angebote nur als Teilnehmer, Eigner, eingetragener Tutor oder Administrator möglich.

Forenbeiträge sind allgemein so aufgebaut, dass auf der linken Seite der Autor und auf der rechten Seite der Beitrag angegeben ist. Jeder Beitrag wird mit dem Beitragsdatum angezeigt. Über eine Verknüpfung kann durch Anwahl des Autornamens eine Mitteilung zugestellt werden. Falls vorhanden, zeigen Symbole unterhalb des Autorennamens, dass ein Anwender über Instant-Messaging-Dienste kontaktiert werden kann. Durch eine Positionierung des Mauszeigers auf ein Symbol wird die notwendige Kontaktnummer angezeigt. Generell werden Beiträge vor der Veröffentlichung durch das System auf festgelegte Wörter hin überprüft. Eine nicht erlaubte Wortwahl wird durch rote Sternchen ersetzt. Zu diesen Wörtern gehören vor allem Schimpfwörter. Nicht-administrative Nutzer haben über die Option „Beitrag melden" die Möglichkeit, einen Beitrag an den Administrator zu melden, um unerwünschte, beleidigende Beiträge schnellstmöglich zu entfernen und ggf. weitere Schritte einzuleiten.

5.11.1 Foren

Foren dienen dem plattforminternen Informationsaustausch und dem Diskutieren von themenspezifischen und allgemeinen Fragen.

Forenbereiche

Grundsätzlich können Forenbereiche nur durch Administratoren verwaltet werden. Die Verwaltung wird in der ersten Ebene des Forenbereichs angeboten.

Forenbereich anlegen

Einen neuen Forenbereich legt man folgendermaßen an:

- Über die Hauptnavigation zum Community-Bereich wechseln

- Anwahl der Schaltfläche „Neuer Forenbereich", um die Eintragsmaske aufzurufen

- Eintrag der Pflichtangaben

- Bestätigung der Eingabe

Forenbereich ändern

Um einen bestehenden Forenbereich zu ändern, ist entsprechend das Änderungssymbol für einen Forenbereich der Bereichsübersicht zu wählen. Nach Anwahl des Symbols erhält der Administrator die Änderungsmaske mit den bereits bekannten Einträgen. Änderungen sind zu bestätigen und wirken sich auf alle untergeordneten Forenebenen aus.

Forenbereich löschen

Um einen bestehenden Forenbereich zu löschen, muss lediglich das Entfernen-Symbol für den zu löschenden Forenbereich in der Bereichsübersicht angewählt werden. Nach Bestätigung der Sicherheitsabfrage werden der Forenbereich und seine untergeordneten Ebenen (Foren, Themen und Beiträge) gelöscht.

Foren

Alle Foren werden bestimmten Forenbereichen zugeordnet. Foren beinhalten unterschiedlich viele Themen. Foren werden in „registrierungspflichtig" und „öffentlich" unterschieden. Registrierungspflichtige Foren sind durch ein Schlosssymbol gekennzeichnet.

Forum anlegen

Um ein neues Forum anzulegen, sind folgende Schritte notwendig:

- Wechseln in den Community-Bereich über die Hauptnavigation und Wahl des Forenbereichs in der Auflistung

- Eintragsmaske durch Anwahl der Schaltfläche „Neues Forum" aufrufen

- Angabe der Pflichtangaben für das anzulegende Forum. Wahlweise kann ein Forum für Gäste freigegeben und das Anlegen von Beiträgen gesperrt werden

- Bestätigung der Eingabe

Foren können nur durch Administratoren manuell angelegt werden.

Forum ändern

Um die Angaben eines existierenden Forums zu ändern, muss nur in den übergeordneten Forenbereich gewechselt werden. In der Forenauflistung ist das Änderungssymbol zu wählen und sind Änderungen in der aufgerufenen Änderungsmaske vorzunehmen. Nach Bestätigung der Änderung werden alle geänderten Angaben dementsprechend aktualisiert. Foren können nur durch Administratoren manuell geändert werden.

Forum löschen

Wie auch bei der Änderung ist zunächst der übergeordnete Forenbereich zu wählen. Um ein Forum zu löschen, ist nur das Entfernen-Symbol hinter dem gewünschten Forum anzuwählen. Nach Bestätigung der Sicherheitsabfrage, werden das Forum und seine untergeordneten Ebenen (Themen und Beiträge) gelöscht. Foren können nur durch Administratoren manuell gelöscht werden.

Themen

Allgemein beinhalten Themen die Beiträge der Anwender. Sie dienen, wie der Name schon sagt, der thematischen Zusammenfassung von Beiträgen.

Thema anlegen

Um ein neues Thema innerhalb eines Forums anzulegen, sollten folgende Schritte durchgeführt werden:

- Wechseln in den Community-Bereich über die Hauptnavigation und Wahl des Forenbereichs in der Auflistung oder alternativ über einen Kurs oder eine Arbeitsgruppe
- Das gewünschte Forum aus der Auflistung auswählen
- Über die Schaltfläche „Neues Thema" die Eingabemaske aufrufen
- Thema und Beitrag angeben
- Eintrag bestätigen

Thema ändern

Themen können über das in der Themenübersicht dargestellte Editierungssymbol durch Administratoren geändert werden.

Thema löschen

Wie auch bei der Änderung ist zunächst der übergeordnete Forenbereich zu wählen. Um ein Forum zu löschen, ist nur das Entfernen-Symbol hinter dem gewünschten Forum anzuwählen. Nach Bestätigung der Sicherheitsabfrage, werden das Forum und seine untergeordneten Ebenen (Themen und Beiträge) gelöscht. Themen können nur durch Administratoren gelöscht werden.

Beitrag anlegen

Um einen neuen Beitrag anzulegen, sollte wie folgt vorgegangen werden:

- Wechseln in den Community-Bereich über die Hauptnavigation und Wahl des Forenbereichs in der Auflistung oder alternativ über einen Kurs oder eine Arbeitsgruppe
- Das gewünschte Forum aus der Auflistung auswählen
- Wahl des Themas
- Aufruf der Eingabemaske über die Schaltfläche „Antworten"
- Beitrag angeben und Eintrag bestätigen

Beitrag ändern

Die Änderungsoption befindet sich nur direkt in der Beitragsauflistung. Durch Anwahl des Änderungssymbols kann der Beitrag über die entsprechende Maske geändert werden. Beiträge können in der aktuellen Version nur durch einen Administrator verändert werden.

Beitrag löschen

Um einen existierenden Beitrag zu entfernen, muss bis zur Beitragsauflistung eines Themas gewechselt werden. Über das Entfernen-Symbol und die Bestätigung der Sicherheitsabfrage wird ein Beitrag aus einem Thema gelöscht. Beiträge können in der aktuellen Version nur durch Administratoren manuell gelöscht werden.

5.11.2 Chat

Unabhängig vom Chatraum werden alle Mitteilungen im Hauptfenster des Raumes angezeigt. Mitteilungen können über das untere Eingabefeld eingegeben werden. Auf der rechten Seite werden alle im Raum befindlichen Benutzer angezeigt. Optionale Kommandos oder Sonderfunktionen wie der Privatchat mit einer Person werden zurzeit nicht unterstützt.

6. Fazit

6.1 Zusammenfassung und Ausblick

Der im Rahmen dieser Diplomarbeit entwickelte Prototyp stellt grundlegende Funktionen für die tägliche Verwendung eines E-Learning Systems zur Verfügung. Damit wurde eine Basis für zukünftige Entwicklungen und Erweiterungen realisiert. Unterschiedliche Übungstypen und kommunikative Module runden das System ab.

Aufgrund der modularen Struktur der Plattform können ohne grundlegende Änderungen weitere Module und Funktionen eingebunden werden. So kann die Anwendung schnell an die Anforderungen des Marktes, der Anwender und neuer Erkenntnisse des E-Learning angepasst werden.

Die hier vorliegende Version beinhaltet weit mehr Funktionen als in den Anforderungen definiert wurde. Alle Funktionalitäten dieser Version wurden durch den Entwickler getestet und lieferten die geforderten und erwarteten Ergebnisse.

6.2 Erweiterungen und Verbesserungen

Generell gibt es sicherlich eine ganze Fülle von Erweiterungen und Verbesserungen für eine Lernplattform. Jedoch ist vorher abzuwägen, welche der wünschenswerten Funktionszuwächse wirklich benötigt werden und ob sie einem Kosten-/Nutzenfaktor entsprechen. Nachfolgend werden die meines Erachtens sinnvollsten und notwendigsten Erweiterungen und Verbesserungen beschrieben.

PHP 5

Da das System mit Hilfe von PHP in der Version 4 entwickelt worden ist, wird es in naher Zukunft notwendig sein, die Plattform kompatibel zur neuen PHP Version 5 zu ändern. Aufgrund der zahlreichen Erweiterungen und Verbesserungen der neuen PHP-Version, bezüglich Klasseneigenschaften und zusätzlicher Funktionalitäten, erscheint eine Anpassung als sinnvoll und sollte auf jeden Fall durchgeführt werden.

Übungen

Aktuell können nur allgemeine Übungsdaten im Nachhinein geändert und bearbeitet werden. Jedoch sind Erweiterungen für Änderungen von Übungsinhalten notwendig und sollten in den Folgeversionen hohe Priorität haben.

Metadaten

Da in der vorliegenden Version Bilder und Medien nicht mit Metadaten beschrieben werden, ist diesbezüglich zur Einhaltung der Standards eine Verbesserung in den Folgeversionen anzustreben.

Mitteilungen

Als sinnvolle Verbesserung des hier implementierten Mitteilungssystems käme eine Nutzung von Dateianhängen in Frage. Zwar liegen bereits Vorbereitungen für die Realisierung von Dateianhängen vor, konnten allerdings aus Zeitgründen nicht zufriedenstellend umgesetzt werden.

Chat

Eine Verbesserung des Chatsystems durch die Nutzung eines Kommunikationsservers halte ich für erforderlich. Der durch den Chat verursachte andauernde Datenbankzugriff kann, je nach Nutzungsintensivität, Auswirkungen auf die Performance des Serversystems und damit der Lernplattform haben. Darüber hinaus verfügen Kommunikationsserver über weitere Funktionalitäten, die einen informativen und aktiven Austausch durch mehrere Benutzer ermöglichen und verbessern.

Whiteboards

Ein Whiteboard ist eine Tafel, an denen ein Tutor in Realzeit den Teilnehmern durch Schreiben und Aufzeichnen Wissen vermitteln kann. Bildlich bildet diese Technik das Prinzip eines Klassenraums nach. Es sind bereits einige kommerzielle Produkte zur Realisierung von Whiteboards erhältlich. Durch die Nutzung des bereits oben erwähnten Kommunikations-servers wäre eine Realisierung in Macromedia Flash relativ einfach umsetzbar.

Audio-/Video Broadcasting und Streaming-Techniken

Durch die Bereitstellung von Videofunktionalitäten könnten Seminare und Übungen als „On Demand" Videoclips oder via Live-Übertragungen (Live-Webcasts) genutzt werden. Während die Bereitstellung von vorhandenem Filmmaterial einfach umzusetzen ist, benötigt eine Live-Übertragung von Audio und Video einen speziellen Streaming-Server. Auch hier eignet sich der Einsatz eines Kommunikationsservers zur Realisierung von Videoübertragungen.

6.3 Schlusswort

Die E-Leaning-Plattfom learncom ist als zielgruppenunabhängige Applikation entwickelt worden. Klare Strukturen und eine einfache Navigation sorgen dafür, dass auch unerfahrene Anwender mit dem System ohne Probleme arbeiten können. Die große Stärke des Systems liegt in der vielseitigen Skalierungsmöglichkeit, durch die sich die Anwendung für verschiedene Zielgruppen schnell und problemlos anpassen lässt.

Aus technischer Sicht betrachtet, ist das System aufgrund der vielen Aktionen, Views, Templates und Klassen relativ komplex, jedoch auch flexibel, anpassbar und skalierbar. Durch eine kurze Einarbeitung in die Systemgrundlagen, speziell in die Frameworkstruktur, können andere Entwickler einfach und schnell Verbesserungen oder Erweiterungen realisieren.

learncom wird sich anhand der Anforderungen und Bedürfnisse der Anwender, des Marktes und der lerntheoretischen Erfahrungen weiterentwickeln. Darüber hinaus werden neue Einflüsse und Entwicklungen die Anwendung technisch verbessern.

7. Glossar und Abkürzungen

Adaptivität	*hier:* Anpassung von Lernangeboten an individuelle Bedürfnisse
AdoDB	Active Data Objects Database; Bibliothek zur einfachen Ansteuerung unterschiedlicher Datenbanksysteme
AICC	Aviation Industry CBT Comittee
AMF	Advanced Modular Framework
Blended Learning	Mischform aus E-Learning und Präsenzlehre
BMBF	Bundesministerium für Bildung und Forschung
CAI	Computer Aided Instruction (siehe PU)
CBT	Computer Based Training
CGI	Common Gateway Interface
CMS	Content Management System
CSS	Cascading Style Sheets
E-Education	Elektronische Bildung und Oberbegriff für E-Learning und E-Teaching
E-Learning	Elektronisches Lernen (Electronic Learning)
ETS	Easy Template System
FAQ	Frequenty Asked Questions
HTML	Hypertext Markup Language
IEEE	Institute of Electrical and Electronic Engineers
IMS	Instructional Management Systems Project; Zusammenschluss von Organisationen und Firmen für eine Nutzung von LO
ISO	International Standards Organisation
Comm.-Server	Server zur Unterstützung eines Kommunikationsprozesses zwischen zwei oder mehr Benutzern.
LCMS	Learning Content Management System
LO	Learning Objects (vgl. RLO); (Lerninhalts-)Daten die wieder verwendet und referenziert werden können
LOM	Learning Object Metadata; Empfehlung des LTSC zur Beschreibung von Lernobjekten (LO)
LMS	Learning Management System
LTSC	Learning Technology Standards Committee; Division des IEEE für Richtlinien im Bereich des computerunterstützten Lernens
M-Learning	Mobile-Learning (mobiles Lernen)
Metadaten	Informative „Beschreibung" von Daten (*hier:* Lernobjekten)
PDF	Postscript Document Format
PHP	PHP: Hypertext Preprocessor; Open-Source Scriptsprache
Plug-In	Zusatzmodul für ein Programm zur Ausführung einer Funktion

PU	Programmierte Instruktion
RLO	Reusable Learning Objects; Wiederverwendbare LO (vgl. LO)
Smarty	Smarty Template Engine
SQL	Structured Query Language; Programmiersprache für strukturierte Datenbankabfragen
Template	Schablone zur Trennung des Codes vom Layout
Tutor	Lernbegleiter bzw. Lehrer beim E-Learning
URL	Uniform Ressource Locator
Usability	Brauchbarkeit; *hier:* einfache Nutzung der Lernumgebung
Virtual Classroom	Lehrveranstaltungen mit Hilfe von Audio/Video-Übertragungen
W3C	World Wide Web Consortium
WBT	Web Based Training (webunterstütztes Lernen)
Whiteboard	Tafelähnliche Darstellungsmöglichkeit, bei dem der Lehrende durch zeichnen den Teilnehmern Sachverhalte aufzeigen kann.
WYSIWYG	What You See Is What You Get – Technik, die eine HTML-Editierung genauso darstellt, wie sie bei der Fertigstellung erscheint
XML	Extensible Markup Language
XSL	Extensible Stylesheet Language

8. Abbildungsverzeichnis

9. Quellverzeichnis

9.1 Literatur

Titel	Kompendium E-Learning
Autor	Prof. Dr. Niegemann et al.
Verlag	Springer-Verlag
ISBN	3-5404-3816-5
Jahr	2004
Bezeichnung	[B-Niegemann]

Titel	Multimediale und telemediale Lernumgebungen
Autor	Michael Kerres
Verlag	Oldenbourg Verlag, München
ISBN	3-4862-5055-8
Jahr	2001
Bezeichnung	[B-Kerres]

Titel	Soziologie-Lexikon
Autor	Gerd Reinhold et al.
Verlag	Oldenbourg Verlag, München
ISBN	3-4862-2340-2
Jahr	1992
Bezeichnung	[B-Reinhold]

Titel	Entwicklungspsychologie
Autor	Lotte Schenk-Danzinger
Verlag	Österreichischer Bundesverlag, Wien
ISBN	3-2150-7048-0
Jahr	1993
Bezeichnung	[B-Schenk-Danzinger]

Titel	MySQL & mSQL
Autor	Randy Jay Yarger, George Reese, Tim King
Verlag	O'Reilly Verlag, Köln
ISBN	3-8972-1163-7
Jahr	2000
Bezeichnung	[B-MySQL&mSQL]

Titel	JavaScript – Einführung, Programmierung, Referenz
Autor	Stefan Koch
Verlag	dpunkt Verlag, Heidelberg
ISBN	3-9209-9364-0
Jahr	1997
Bezeichnung	[B-Koch]

Titel	Taschenbuch XML
Autor	Thomas Kobert
Verlag	bhv Verlag, Kaarst
ISBN	3-8287-5044-3
Jahr	1999
Bezeichnung	[B-Kobert]

Titel	Essential XML
Autor	Don Box, Aaron Skonnard, John Lam
Verlag	Addison-Wesley Verlag, München
ISBN	3-8273-1769-X
Jahr	2001
Bezeichnung	[B-Essential XML]

Titel	Das Einsteigerseminar UML
Autor	Dr. Thomas Erler
Verlag	bhv Verlag, Kaarst
ISBN	3-8287-1097-2
Jahr	2001
Bezeichnung	[B-Essential XML]

9.2 Publikationen

Bezeichnung   [P-AMF]
Titel   Diplomarbeit – Framework für die Entwicklung von Webapplikationen
Autor   Dipl.-Ing. Samy Khelili
Jahr   2003

Bezeichnung   [P-Bachmann, Dittler]
Titel   Integration von E-Learning in die Hochschullehre
Autor   Dr. Gudrun Bachmann, Dr. Martina Dittler
Jahr   unbekannt

Bezeichnung   [P-Baumgartner I]
Titel   Didaktische Aspekte von e-Learning
Autor   Peter Baumgartner
Jahr   unbekannt

Bezeichnung   [P-Baumgartner II]
Titel   Didaktik, eLearning-Strategien, Softwarewerkzeuge und Standards
Autor   Peter Baumgartner
Jahr   2003

Bezeichnung   [P-Baumgartner III]
Titel   Didaktische Anforderungen an (multimediale) Lernsoftware
Autor   Peter Baumgartner
Jahr   1997

Bezeichnung   [P-Beims]
Titel   Anforderungen an und Überlegungen zu einer E-Learning-Umgebung
Autor   Prof. Dr. H. D. Beims
Jahr   2002

Bezeichnung   [P-BMBF-Kursbuch]
Titel   Kursbuch eLearning 2004
Autor   Bundesministerium für Bildung und Forschung
Jahr   2004

Bezeichnung   [P-CD Austria]
Titel   CD Austria – Sonderheft des bm:bwk
Autor   Peter Baumgartner, Kornelia Maier-Häfele, Hartmut Häfele
Jahr   2002

Bezeichnung   [P-Erfinden lernen]
Titel   Erfinden lernen
Autor   Peter Baumgartner, Sabine Payr
Jahr   1997

Bezeichnung   [P-Evaluation LMS]
Titel   Evaluation von Lern-Management Systemen
Autor   Peter Baumgartner, Kornelia Maier-Häfele, Hartmut Häfele
Jahr   2002

Bezeichnung   [P-Handelndes Lernen]
Titel   Handelndes Lernen
Autor   Peter Baumgartner, Klaus-Jürgen Quast
Jahr   1997

Bezeichnung [P-Heuristisches Modell]
Titel   Handlungsstrategien von LehrerInnen – ein heuristisches Modell
Autor   Peter Baumgartner, Stephan Laske, Heike Welte
Jahr   1999

Bezeichnung [P-Learning with the Internet]
Titel   Learning with the Internet – A Typology of Applications
Autor   Peter Baumgartner, Sabine Payr
Jahr   1998

Bezeichnung [P-Learning Management Systeme]
Titel   Learning Management Systeme: Ergebnisse einer empirischen Studie
Autor   Peter Baumgartner, Kornelia Maier-Häfele, Hartmut Häfele
Jahr   2002

Bezeichnung [P-Partizipatives Contentmanagement]
Titel   Partizipatives Contentmanagement
Autor   Peter Baumgartner, Bettina Dimai
Jahr   unbekannt

Bezeichnung [P-Politik lernen]
Titel   Webbasierte Lernumgebungen - neue Ansätze zum Politiklernen
Autor   Peter Baumgartner
Jahr   2001

Bezeichnung [P-Schulmeister]
Titel   Virtuelles Lernen aus didaktischer Sicht
Autor   Prof. Dr. Rolf Schulmeister
Jahr   unbekannt

Bezeichnung [P-Sesink]
Titel   Ausgangslage und Perspektiven von eLearning in der Weiterbildung
Autor   Prof. Dr. Werner Sesink, TU Darmstadt
Jahr   2002

Bezeichnung [P-Standards aus didaktischer Perspektive]
Titel   E-Learning Standards aus didaktischer Perspektive
Autor   Peter Baumgartner, Kornelia Maier-Häfele, Hartmut Häfele
Jahr   2002

Bezeichnung [P-Virtualization of Learning]
Titel   Virtualization of Learning
Autor   Peter Baumgartner
Jahr   unbekannt

Bezeichnung [P-Zeitler]
Titel   Pallas Praxisberichte: E-Learning - multimediales Lernen online
Autor   Dr. Franziska Zeitler, ExperTeam AG, Köln
Jahr   unbekannt

9.3 Internetverweise

Bezeichnung   [L-ADL]
Link   http://www.adlnet.org
Beschreibung   Offizielle Seite der Advanced Distributed Learning (ADL)

Bezeichnung   [L-AICC]
Link   http://www.aicc.org
Beschreibung   Offizielle Seite des Aviation Industry CBT Committee (AICC)

Bezeichnung   [L-Apache]
Link   http://www.apache.org
Beschreibung   Das Apache HTTP Server Projekt

Bezeichnung   [L-Ariadne]
Link   http://www.ariadne.org
Beschreibung   Offizielle Seite des Ariadne Projekts

Bezeichnung   [L-Baumgartner]
Link   http://www.peter.baumgartner.name
Beschreibung   Peter on eEducation

Bezeichnung   [L-Bilblionetz]
Link   http://beat.doebe.li/bibliothek/
Beschreibung   Beats Bilblionetz

Bezeichnung   [L-Bildungsserver]
Link   http://www.bildungsserver.de
Beschreibung   Deutscher Bildungsserver

Bezeichnung   [L-Blumstengel]
Link   http://dsor.uni-paderborn.de/de/forschung/publikationen/blumstengel-diss/
Beschreibung   Entwicklung hypermedialer Lernsysteme

Bezeichnung   [L-BMBF]
Link   http://www.bmbf.de
Beschreibung   Bundesministerium für Bildung und Forschung

Bezeichnung   [L-BPB]
Link   http://www.bpb.de
Beschreibung   Bundeszentrale für politische Bildung

Bezeichnung   [L-CampusSource]
Link   http://www.campussource.de
Beschreibung   Initiative des Ministerium für Wirtschaft und Forschung (NRW)

Bezeichnung   [L-Computerwoche]
Link   http://www.computerwoche.de/index.cfm?pageid=257&artid=60894
Beschreibung   Artikel: E-Learning braucht Anwenderzustimmung

Bezeichnung   [L-CSS2.0-Index]
Link   http://www.w3.org/TR/REC-CSS2/indexlist.html
Beschreibung   W3C Seite zur Funktionsübersicht von CSS 2.0

Bezeichnung   [L-E-learning-Guild]
Link   http://www.elearningguild.com
Beschreibung   Globale Community für E-Learning Entwickler

Bezeichnung	[L-Focus]
Link	http://focus.msn.de/D/DB/DBU/DBU15/dbu15.htm
Beschreibung	Artikel: Entfesselte Bildungswelten – Lernen und Lehren im Cyberspace

Bezeichnung	[L-htmlArea]
Link	http://sourceforge.net/projects/itools-htmlarea/
Beschreibung	Sourceforge Projektseite von htmlArea

Bezeichnung	[L-IEEE-LTSC]
Link	http://ltsc.ieee.org
Beschreibung	Offizielle Seite des IEEE Learning Technology Standards Committee (LTSC)

Bezeichnung	[L-IMS]
Link	http://www.imsproject.org
Beschreibung	Offizielle Seite des IMS Global Learning Consortium (IMS)

Bezeichnung	[L-Interactivetools]
Link	http://www.interactivetools.com
Beschreibung	Offizielle Bezugseite von htmlArea als freies Werkzeug

Bezeichnung	[L-Macromedia]
Link	http://www.macromedia.com/de/
Beschreibung	Macromedia Deutschland

Bezeichnung	[L-Medienbildung]
Link	http://www.medien-bildung.de
Beschreibung	Portal zur BMBF-Förderung Neue Medien in der Bildung

Bezeichnung	[L-Mishoo]
Link	http://dynarch.com/mishoo/
Beschreibung	Persönliche Webseite des htmlArea Entwicklers Mihai Bazon

Bezeichnung	[L-MySQL]
Link	http://www.mysql.com
Beschreibung	Offizielle Seite des MySQL Datenbankservers

Bezeichnung	[L-PHP]
Link	http://www.php.net
Beschreibung	Offizielle Seite von PHP

Bezeichnung	[L-PHP-Classes]
Link	http://www.phpclasses.org
Beschreibung	Sammlung verschiedener PHP Klassen

Bezeichnung	[L-PHP-Exchange]
Link	http://px.sklar.com
Beschreibung	Verschiedene PHP Codebeispiele und Klassen

Bezeichnung	[L-Reusability]
Link	http://www.reusability.org
Beschreibung	Einige Informationen über Reusable-Learning-Objects

Bezeichnung	[L-Smarty]
Link	http://smarty.php.net
Beschreibung	Offizielle Seite der Smarty Template Engine für PHP

Bezeichnung	[L-Telepolis I]
Link	http://www.telepolis.de/deutsch/inhalt/te/16782/1.html
Beschreibung	Artikel: E-Learning braucht Kontinuität. Mehr nicht?

Bezeichnung	[L-Telepolis II]
Link	http://www.telepolis.de/deutsch/inhalt/te/5889/1.html
Beschreibung	Artikel: Mit einem e wie elektronisch wird alles gut

Bezeichnung	[L-W3C]
Link	http://www.w3.org
Beschreibung	Offizielle Seite des World Wide Web Konsortiums

Bezeichnung	[L-Wissensplanet]
Link	http://www.wissensplanet.com
Beschreibung	Portal & Community rund um E-Learning

Wissensquellen gewinnbringend nutzen

Qualität, Praxisrelevanz und Aktualität zeichnen unsere Studien aus. Wir bieten Ihnen im Auftrag unserer Autorinnen und Autoren Diplom-, Magister- und Staatsexamensarbeiten, Master- und Bachelorarbeiten, Dissertationen, Habilitationen und andere wissenschaftliche Studien und Forschungsarbeiten zum Kauf an. Die Studien wurden an Universitäten, Fachhochschulen, Akademien oder vergleichbaren Institutionen im In- und Ausland verfasst. Der Notendurchschnitt liegt bei 1,5.

Wettbewerbsvorteile verschaffen – Vergleichen Sie den Preis unserer Studien mit den Honoraren externer Berater. Um dieses Wissen selbst zusammenzutragen, müssten Sie viel Zeit und Geld aufbringen.

http://www.diplom.de bietet Ihnen unser vollständiges Lieferprogramm mit mehreren tausend Studien im Internet. Neben dem Online-Katalog und der Online-Suchmaschine für Ihre Recherche steht Ihnen auch eine Online-Bestellfunktion zur Verfügung. Eine inhaltliche Zusammenfassung und ein Inhaltsverzeichnis zu jeder Studie sind im Internet einsehbar.

Individueller Service – Für Fragen und Anregungen stehen wir Ihnen gerne zur Verfügung. Wir freuen uns auf eine gute Zusammenarbeit.

Ihr Team der Diplomarbeiten Agentur

Diplomica GmbH
Hermannstal 119k
22119 Hamburg

Fon: 040 / 655 99 20
Fax: 040 / 655 99 222

agentur@diplom.de
www.diplom.de